ちくまQブックス

# SNS時代のメディアリテラシー

## ウソとホントは見分けられる?

山脇岳志



筑摩書房

本文イラスト
須山奈津希

# はじめに〈情報におぼれてしまう?〉

## ◆世界の情報の量はどのくらい?

この本を手にとってくれたみなさんに質問です。世界中で1年間に作られているデータの総量って、いったいどれくらいあるか、わかりますか?

企業《きぎょう》や個人はコンピューター、タブレット、スマートフォンなどで文章や図表、動画などのデータを作り、そのデータはインターネットを通じて世界中に流通しています。

さて、答えです。IDCという国際調査会社の2023年の発表によれば、2022年に世界中で生成されたり消費されたりしたデジタル情報量は101ゼタバイトと推計されました。1バイトは半角英数字1文字分の容量です。1キロバイトはその約1000倍、1ゼタバイトは21個もの0がつく天文学的な数字です。世界中の砂浜《すなはま》にある砂粒《すなつぶ》の数をハワイ大学の研究者たちが試算したら7・5×$10^{18}$という推計でしたが、その推計に従えば**世界中の砂浜の砂粒の数の約1350000倍**にもなります。

1年間のデジタル情報量は101ゼタバイト

世界中にどれくらい砂浜があるかもわかりませんが、その砂粒たるや……ということで、まあ、想像を絶する量のデータや情報が流れている。その中から自分にとって必要な情報を自分で見つけに行くというのは大変なことです。

そんな状況《じょうきょう》なので、私たちは、コンピューターなどのテクノロジーの助けを借りて、なるべく効率的に情報をみつけることが多くなっています。さらにいえば、コンピューターのほうが、その人好みの情報を選んで、私たちに届けてくれるようにもなっています。便利な時代といえますが、**世の中にもっと情報が少なかった頃に比べて、情報への向き合い方が難しくなったともいえる**のです。

なぜ難しいのでしょうか？　一つわかりやすい例を出しましょう。

世の中にあるデータ量を砂浜の砂粒の数と比較《ひかく》しましたが、砂粒はいろんな色をしていますよね。仮に、白い砂粒が本当の情報、黒い砂粒を嘘《うそ》の情報とします（1バイトのデータが1つの情報とはいえないですし、白が良い、黒が悪いという発想は単純すぎますが、わかりやすくするための例示です）。

実際の砂浜には、白い砂粒もあれば黒い砂粒もある。嘘か本当かわからないようなグレーや茶色い砂粒もありますよね。白くみえるけれど、洗ったら黒い砂粒かもしれない。世の中にある情報は、さまざまな色や形をしているわけです。

また砂粒がどう扱われているか、という点も実は違《ちが》います。ある砂粒（情報）は、情報を扱《あつか》うプロ（たとえば新聞やテレビといったマスメディア）がチェックして（洗ってみて）、色や形を確かめています。しかし、別の砂粒（情報）は、誰《だれ》もチェックせずに、誰かがX（旧Twitter）につぶやいたものかもしれません。

日々ますます増えていく膨大なデータや情報の中で、おぼれてしまう（砂に埋《う》まってしまう）ことがないようにする。コンピューターが選んでくる**自分好みの情報に振《ふ》り回《まわ》されずに、自分にとって本当に必要な質のよい情報を、自分の意思で選び出していく。そんな作業は、とんでもなく難しい**ですよね。

## ◆約30年間、記者をしていました

遅《おそ》くなりましたが、自己紹介《じこしょうかい》をさせてください。私は、ちょうど還暦《かんれき》（60歳《さい》）になった元記者です。22歳から56歳まで、朝日新聞社に勤めていました。

1986年に新聞社に入り、栃木県宇都宮市《うつのみやし》で事件や事故を追いかけていたころは、原稿用紙《げんこうようし》に手書きで記事を書いていました。

当時は、大事件や大事故が起きても、SNSで情報が流れたりしませんし、スマートフォンもありません。情報を集めたり確認したりするのは、現地にいくか、固定電話で行っていました。入社後まもなく、肩《かた》からかける「ショルダーフォン」という移動電話（大きすぎるので携帯電話《けいたいでんわ》とも言えないですね）が支局に配備されて、驚《おどろ》いたのを覚えています。重さは3キロもありました。

それからしばらくしてワープロやパソコンで記事を書くようになり、携帯電話はどんどん小型化されていきました。

テクノロジーの進展とともに、記者の仕事も変化します。劇的に変わったのは、1990年代後半にインターネットが普及《ふきゅう》しはじめてからです。新聞社も、紙の新聞だけでなくインターネット上のデジタル発信に力をいれるようになりました。

さらに2005年前後からソーシャルメディアがよく使われるようになり、2008年ごろから、手のひらサイズのコンピューターといえるスマートフォン（スマホ）が広がってきました。ちなみにソーシャルメディアとは、インターネット上で人がコミュニケーションをとるFacebook、Instagram、XなどのSNS（ソーシャルネットワーキングサービス）に加えて、動画共有サイトやブログなどを含《ふく》む広い概念《がいねん》です。

誰でも発信でき、誰もがメディアという時代になったことで、新聞やテレビなどのマスメディアの影響力《えいきょうりょく》は低下していきました。

約30年間の記者生活のうち9年は海外に住んでいました。2000年から03年までと2013年から17年まではアメリカの首都、ワシントンで仕事をしました。

2001年にはニューヨークとワシントンで旅客機を使った大規模な自爆《じばく》テロで3000人以上が亡くなり、2016年には虚偽《きょぎ》発言《はつげん》や人種差別発言をくり返したドナルド・トランプ氏が大統領に当選するという「アメリカの転機」を目撃《もくげき》しました。

## ◆何を信じたらいいかわからない？

ただ、そうした大きな出来事以上に私にとって衝撃だったのは、1回めと2回めの駐在《ちゅうざい》の間の10年でアメリカ社会がすっかり変わってしまったことでした。保守派（右派）とリベラル派（左派）の感情的な対立が激しくなり、マスメディアへの信頼度《しんらいど》もがくんと落ちたのです。

保守派とリベラル派とは、どう区別されるのでしょうか。国によってもとらえ方は違うのですが、アメリカで保守派といえば、以下のような考えの人が多いです。

政府の仕事は無駄《むだ》が多いので規制は緩和《かんわ》し、税金は安いほうがよい。貧しい人のための生活保護はあまり必要ではなく、外国からの移民の受け入れには反対。「自助努力」が大事であり、黒人などの社会的弱者を（大学の入学選考などで）優遇《ゆうぐう》するのも反対。厳格なキリスト教信者が多く、女性の妊娠《にんしん》中絶や同性婚《どうせいこん》には反対。個人の自由を大切にする考えから銃《じゅう》を持つことに積極的（銃規制に反対）。

リベラル派は、その逆ですね。政府は良いこともするので、業界への規制も必要だし、税金は少々高くてもよい。貧しい人のための生活保護を充実《じゅうじつ》することや、（大学の入学選考などでの）黒人などの社会的弱者の優遇には賛成で、移民もある程度は受け入れてもよい。女性は自分の判断で妊娠中絶をする権利があり、同性婚にも賛成。銃については規制を強化して、なるべく使えなくするべき。

内実は複雑ですが、ごくおおざっぱにいえば、そんな色分けができます。

共和党で保守派のトランプ氏は、民主党のリベラル派を徹底的《てっていてき》にけなすことで、白人を中心に保守層の多くの人を惹《ひ》きつけ2016年の大統領選を制しました。

マスメディアへの対応も独特でした。トランプ氏の政治集会に出かけると、後方の記者席を指差し、「彼《かれ》らを見ろ」と聴衆《ちょうしゅう》をあおり、聴衆が「最も不誠実なやつらだ」

マスメディアを「とても／まあ信頼している」と答えた人の割合

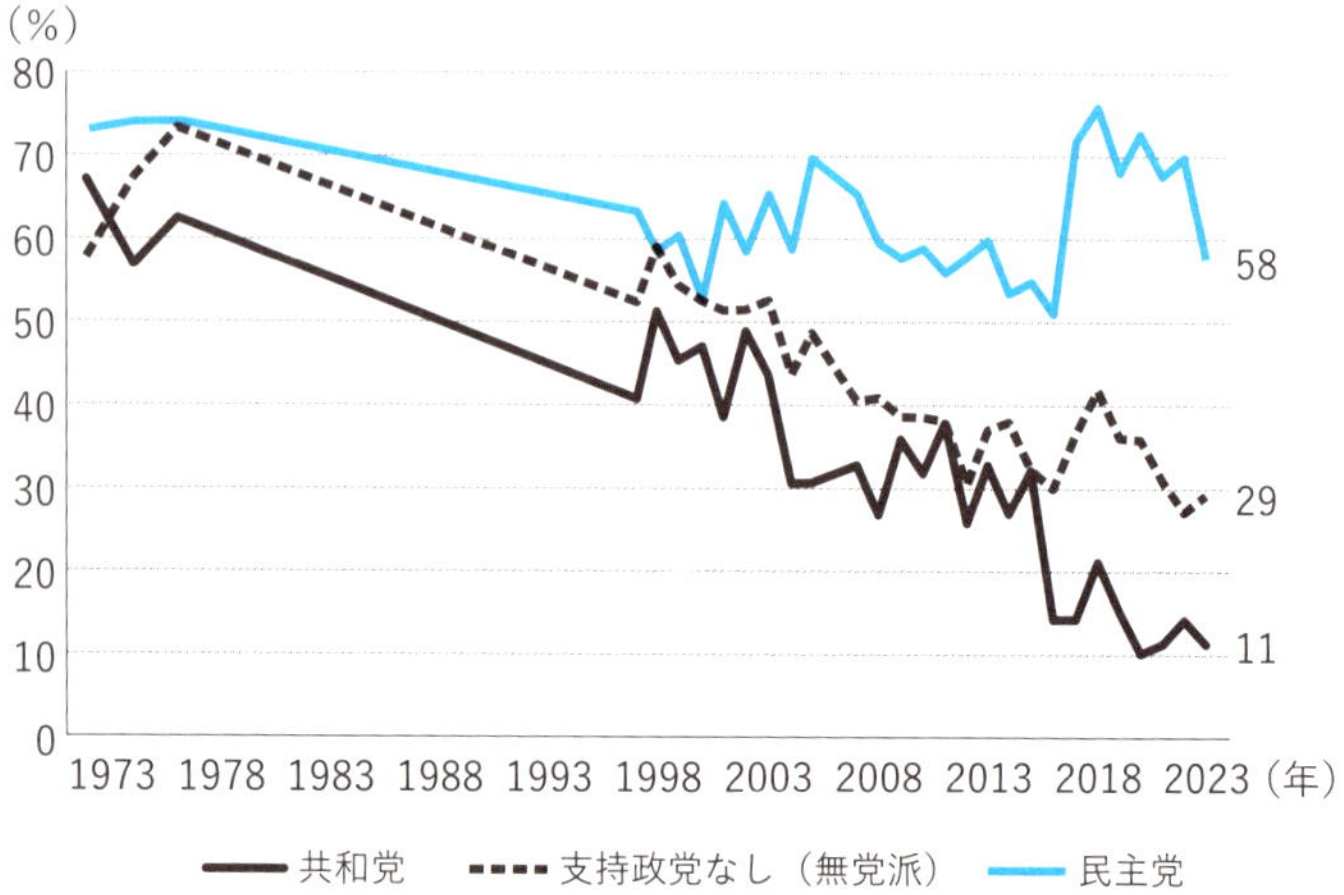


政党支持者別にみたマスメディアへの信頼度
（アメリカ、1972—2023）　GALLUP 調査より

と一斉《いっせい》に叫《さけ》ぶのが定番でした。トランプ氏は、主流メディアによる報道を「フェイクニュース」と呼び、「アメリカ国民の敵」であるとも言い放ちました。

　共和党支持者の間でマスメディアへの信頼度は目にみえて下がっていきました。２０２３年ではマスメディアを「とても信頼している」と「まあ信頼している」とする人の割合を足しても、10％台にとどまっています。一方、民主党支持者の間では6割近い人がマスメディアを信用しています。

　マスメディアを信用するかどうかが、その人のイデオロギー（政治的意見）

と結びついているわけですが、総じて言えば**アメリカ人全体で、マスメディアを信頼している人は3割程度にまで下がってしまっています。**

　私はアメリカのそうした姿をみて衝撃を受け、メディアとは何か、どういう問題がありどういう役割を果たすべきなのかについて、真剣《しんけん》に考えるようになりました。そして日本に戻《もど》ってきたときに、人々のメディア接触《せっしょく》と価値観との関係を客観的に調べるための世論調査や、メディアに関する教育に携《たずさ》わりたいと思い、現在のスマートニュース　メディア研究所に転職しました。

　問題意識の根っこには、**日本がアメリカのような分断社会になってほしくない**という思いがあります。一人一人がマスメディアやソーシャルメディアの仕組み、それと人間の心理や社会との関係についての理解を深め、物事を多様な視点でみていくことが、暮らしやすい社会に結びつくと思うからです。

　この本では、第4章まで、1つの章ごとにポイントを示します。そして最終章である第5章では、そのポイントに通底する「クリティカルシンキング」について解説し、「メディアや情報と上手につきあって自分の人生に活《い》かせる人になること」、つまりメディアリテラシーを身につけてもらうことを目指したいと思います。

SNS時代の
メディアリテラシー
――ウソとホントは見分けられる?

# 目次

# 第1章

# 友達のウワサ、聞いたらどうする？

世の中は、噂話《うわさばなし》だらけです。学校にいれば、友達や先生についての噂、社会に出れば同僚《どうりょう》や上司の噂、YouTubeやX（旧Twitter）には、芸能人についての噂もあふれています。良い噂もありますが、人を傷つけるような悪口も含《ふく》まれることもしばしばです。

そして、**そうした噂や悪口も、真偽《しんぎ》はともかくとして、「情報」です。**

最も身近な情報とも言える噂話。それをどう扱《あつか》うかには、情報とのつきあい方の基本がつまっています。

さっそくですが、いくつかの噂について考えてみましょう。

たとえば、友達から次のような噂話を聞

いたとします。

1 「AくんってBさんのこと好きらしいよ」
2 「こんど、学校に広瀬《ひろせ》すずが来るんだって！」
3 「Cくんは、コンビニで万引きしているらしいよ」

みなさんは、これを聞いてどうするでしょうか？　少し考えてみてください。

## おもしろいので誰《だれ》かに話す？

仲の良い友達の言うことだから、たぶん嘘《うそ》じゃないだろう。そう思って人に伝えるかもしれませんね。ごく自然なことだと思います。

誰が誰を好きかという話は盛り上がる！
広瀬すずが来るなんて大ニュースだからみんなに教えたい！
万引きする人がいるなんて最低！

あなたが友達とのおしゃべりや、LINEなどのソーシャルメディアに書きこんだりして、噂話を広めたとします。でも、**もしかして、その情報は嘘かもしれません**。なぜなら、あなた自身証拠《しょうこ》をもっているわけではないですから。

興味深い研究結果があります。「**虚偽《きょぎ》のニュースは、真実よりも速く拡散していく**」というものです。

これは、2018年、アメリカのマサチューセッツ工科大学の研究者らの研究で明らかにされました。2006年から17年までにTwitter（現X）でツイートおよびリツイートされた投稿《とうこう》で、ファクトチェック団体が真実か虚偽かを検証したものについて、拡散を追《つい》跡《せき》したところ真実のニュースは1600人までで拡散が止まった一方、虚偽のニュースは4７000人もの人に届いていたのです。また、虚偽のニュースは真実のニュースよりも70％も多くリツイートされ、真実のニュースが1500人に届くには、虚偽ニュースの6倍時間がかかっていたことがわかりました。

なぜ虚偽のニュースのほうが広がりやすいのでしょうか。それは虚偽のニュースのほうが、驚《おどろ》きとか怒《いか》りなどの人間の感情に訴《うった》えやすいからです。しばしば真実は退屈《たいくつ》である、ということなのでしょうね。

虚偽でも、あまり実害がない情報もあるかもしれません。でも、「Cくんが万引きしているらしい」というようなネガティブな情報について、それが根も葉もない話なのにCくんのもとにも届いたとしたら、Cくんは傷つきますよね。たかが噂でも、誰かの人生を変えてしまうかもしれません。

そもそもインターネットでは、ネガティブな情報や意見の方が反応が得られやすいのでネガティブな書き込みが目立ちます。ネットで書かれていることが、一般的《いっぱんてき》な世論ではないことにも注意する必要があります。

## 広める前に、ちょっと立ち止まってみる

この噂は確実ではない、もしかしてまちがっているかもしれない。そう思ったら、誰かに伝える前にちょっと立ち止まってみることもできます。

特にネガティブな情報については、**事実確認ができているかどうかが大事**です。もし、誰かが「Cくんが万引きしているらしい」と伝えてきたら、「そうなんだ」と相手を否定

はせずにおいて、「それって、どこから聞いたの」と、相手に聞いてみるのもよいかもしれません。「みんな言っているよ」というような根拠《こんきょ》もない話だと、怪《あや》しくなります。

もしかしたら、その人の作り話かもしれません。そもそもネガティブな情報を伝えてくる人がいたら、その人がCくんに悪意をもっているケースが多いと考えられます。

ちょっと自分自身を振《ふ》り返《かえ》ってみましょう。もともと好意をもっている人の噂をするときは、その人のいい部分を、人に伝えていませんか？

「アイツ、（おごってくれて）マジやさしい」

「あの子、（試験前にノートのコピーさせてくれて）神！」

人間は、もともと好感をもっている人については、ポジティブな面を伝えがちであり、もともと嫌悪感《けんおかん》をもっている人については、その人のネガティブな面を伝えがちです。これは、10代だけの話ではなく、大人になっても同じです。

たとえば「ほかの人に配慮《はいりょ》して、やさしくて、気配りができる」人は、「人に嫌《きら》われたくないために、優柔不断《ゆうじゅうふだん》で、決断力がない」のかもしれません。

人には両面あるのに、その人を伝えるときに自分の感情が入ってきて、好きな人なら「やさしい」と、嫌いな人なら「優柔不断」と伝えがちになってしまうのです。

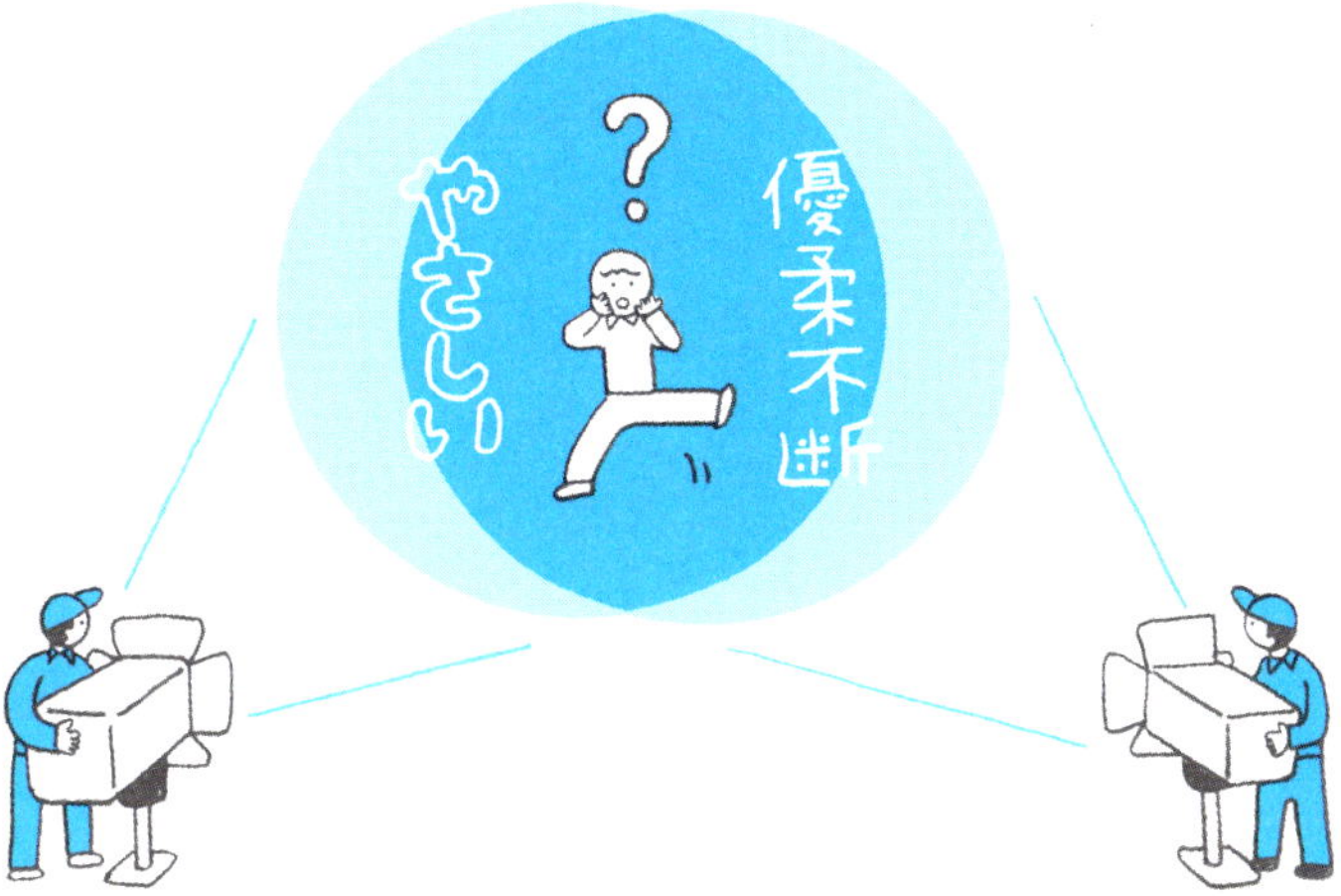


やさしい人？　優柔不断な人？

そうした人間の性《さが》を心にとめておけば、「Cくんが万引きしたらしいよ」という話を聞いたときに、「この人はCくんが嫌いなのかな」「私にもCくんを嫌いになってもらいたいのかな」などと、その人の深層心理や動機を考えてみることにもつながります。

　こうして相手の発言の根拠や動機について考えて、一度立ち止まり、**「人に広めない」ことも、一つの意思ある行為《こうい》です**。そして、いつなんどき、あなた自身も、根も葉もない噂や悪口によって傷つけられる被害者《ひがいしゃ》になりうるということを考えれば、「立ち止まる」意義もみえてくるはずです。

## 噂の事実確認はできるか？

では噂の事実確認はどうすればできるのか、ここで少し考えてみましょう。

まず、さきほども書いたように、噂を振りまいている人（Dくんとします）に、「どこからの情報なの？」と聞くことはできますね。学校を退学処分になったとか先生が発表して多くの証言があるのなら、確度が高い情報ですね。

その答えが、Dくん自身がCくんの万引きの場面を目撃《もくげき》したり、Cくん本人から万引きしたと告白されたりしたのなら、学校の発表ほどの情報の確度ではないにしても確度は高くなります。しかし、作り話の可能性は残ります。

Dくんは万引き情報を知りあいのEくんから聞いたとします。DくんはEくんがどうやって確認したかまでは確認していない。いわゆる又聞《またぎ》きですね。このケースでは、情報の確度は低くなります。「みんな言っている」といった表現で情報源を隠《かく》されるのも同様です。

悪意ある噂を広めている人がいたら、「それ、どこから聞いたの？」と相手に聞けば、答えだけでなく表情から判断できるかもしれません。しどろもどろにならないかなどの対面の情報から、得られることは多いのではないかと思います。

いずれにしてもあなたに警察のような強制的に捜査《そうさ》する力はない以上、**相手が嘘をついても嘘だと証明するのは難しい。**あなたが仮に万引きについての噂を耳にしても、真実性を証明するのは、かなり難易度が高いのです。

## インターネットで検《けん》索《さく》すればわかるか？

それでは、世界中を恐怖《きょうふ》に陥《おとしい》れた新型コロナウイルス感染症《かんせんしょう》が拡大したとき広まった噂やデマについてはどうでしょうか？

たとえば、「コロナウイルスは26度から27度ぐらいのぬるま湯で死ぬので、ぬるま湯を飲むと良い」という噂が広まり、私のもとにも身近な人から届きました。こうした虚偽情報は、悪意があって広まるとは限りません。役にたつのではないかという善意がもとで広がるケースもあるのです。

そもそも虚偽情報にも、いろんな種類があることには注意が必要です。捏造《ねつぞう》や（人を）

操作しようとする悪質なものもあれば、単純なミスや勘違《かんちが》いもあります。さらに風刺《ふうし》やパロディー、冗談《じょうだん》も広い意味では虚偽情報ですから、その姿はさまざまで、「すべての虚偽情報は悪」と考えるのも単純すぎる見方です。

ただし「ぬるま湯」についていえば、体温よりも低い温度でコロナウイルスが死ぬのなら、体内で増殖《ぞうしょく》するわけがありません。

科学的に疑問だなと思ったら、「コロナ　ぬるま湯」でネット検索をすると、新聞社のサイトなどでデマであることがはっきり書かれています。「ワクチンを接種すると、体が磁力を帯びて金属が張り付く」とか「ワクチンにマイクロチップが含まれているので、接種すると5G（携帯電話《けいたいでんわ》の通信システム）で監視《かんし》される」といった見方についても科学的根拠がないという情報が、検索結果の上位に出てきます。

ただし、まだあまり検索結果がない状態だと、**検索することで、むしろ偽情報《にせじょうほう》に誘導《ゆうどう》されてしまうこともある**ので注意は必要です。コロナに関しては、中国が「コロナ起源はアメリカ陸軍のフォート・デトリック研究所である」という偽情報を拡散し、一時期は、Google 検索や YouTube で、この情報が上位に表示されていたことが知られています。

ネット検索や YouTube でどのような動画が上位におすすめされるのかなどは、アルゴリズム（情報処理の手順、第4章で詳《くわ》しく説明します）によってコントロールされています。その人がどういう関心があるかを、Googleやソーシャルメディアのアルゴリズムで読み取って、その人にあわせた情報を出すため、視野が狭《せま》くなってしまうことがあるのです。

## 発信するとはどういうことか？

これまで噂話を例にとってきましたが、私たちは常に何かを発信しています。誰でも簡単にSNSで、多くの情報を不特定多数に発信できるのが今の時代なのです。

発信とは、不特定多数の人に知らせるだけではありません。**LINEやメールで友人に情報を送ったり、家族に対して口頭で話をしたりすることも、立派な「発信」です。**

これに関して最近、興味深い調査結果が発表されました。国際大学グローバル・コミュニケーション・センター（GLOCOM）と、日本ファクトチェックセンター（JFC）が2024年、15～69歳《さい》の国内の2万人を対象にして行った調査で、実際に拡散した15の偽・誤情報を見聞きしたことがあるかたずねました。すると37％の人が、「一つ以上を見聞きしたことがある」と回答しました。その中で情報が誤りであることを認識していた人は、わずか15％程度で、52％の人は偽・誤情報を「正しい」と信じていました。

そうした偽・誤情報に触れたことのある人のうち平均して17％の人が偽・誤情報を拡散していたこともわかったのですが、**拡散手段として最も多かったのは家族・友人・知人との「直接の会話」**だったのです。直接の会話で拡散した人の割合はSNSでシェアした人の割合を大幅《おおはば》に上回っていました。SNSで得た偽の情報を、SNSで直接拡散するよりは、その話を家族や知人に話す。その情報がまたSNSで拡散されるという形のループもあることが推定できます。

日本では、まだマスメディアへの信頼は比較的《ひかくてき》高く保たれています。スマートニュースメディア研究所の２０２３年の世論調査では、日本人の約7割がマスメディアの情報に対して「とても信頼している」「まあ信頼している」と答えています。

しかし、その割合は世代別にみると、かなりの違《ちが》いがあります。60代以上の人に限れば、8割以上の人がマスメディアを信頼していると答えたのに対し、18〜39歳までの人では、信頼する人は56％でした。

マスメディアより自分の家族や友人を信用するのが良くないわけではないですが、家族や友人が情報の真偽を見極《みきわ》める訓練を受けていない場合、正しい情報を伝えているとは限りません。どこかで誰かがXでつぶやいていることが、一つひとつウラを取った（事実確認をした）情報とも限りません。

一つ気をつけた方がよいのは、ネットの世界は匿名性《とくめいせい》があるようにみえて、実際には誰がどこから発信しているかをたどれるということです。LINEだから噂を広めても大丈夫、というわけではなく、何か問題が生じたときには証拠《しょうこ》が残っているのです。

## あいまいさに耐《た》える力

真偽を見極めることが難しい情報に囲まれている中、私たちはどのように情報とつきあうべきなのでしょうか？　上智《じょうち》大学教授の佐藤卓己《さとうたくみ》さんは「あいまいさに耐える」という意味でネガティブ・リテラシーの概念《がいねん》を提唱しています。

真偽がさだかでないグレーな情報は、世の中にあふれかえっています。そして事実か事実ではないかを確認するのには、手間がかかります。私たちは不安におそわれたようなときには、「（真偽を）はっきりさせたい」と考えがちですが、**あいまいなままで情報をやり**

**過ごすことが重要**だということです。

私は、この佐藤教授の考え方に賛成です。もちろん事実を追求していく努力や考え続けるのは大切なことですが、性急に結論は出さなくていいよ、ということです。そして、不用意に発信しないということも、「あいまいさに耐える」力に含まれます。

簡単なことと思うかもしれませんが、案外、これが難しくて大事なことだと思います。

◆ポイント

**真偽があいまいな噂や情報に触れたら、それをすぐに広めず、いったん立ち止まろう**（確認できないと思ったら、スルーして構わない）。

column

# 不安なときに、デマや虚偽情報が広がる

虚偽情報《きょぎじょうほう》やデマは、災害や疫病《えきびょう》、戦争、経済危機など、社会的に大きな不安が広がっているときに広がりやすくなります。

新型コロナの事例はすでに紹介《しょうかい》しましたが、ロシア・ウクライナ戦争、能登《のと》半島地《はんとうじ》震《しん》でもさまざまな虚偽情報がSNSに氾濫《はんらん》して、問題となりました。

ただ、デマや虚偽情報の問題は、昔からあります。

たとえば、今から100年あまり前の1923年、首都圏《しゅとけん》は関東大震災に見舞《みま》われました。その際、朝鮮人《ちょうせんじん》が「暴動を起こした」「井戸に毒を入れた」といった根拠《こんきょ》のない噂《うわさ》が広がりました。そうした噂を信じて、民衆がつくった自警団や軍隊、警察によって、朝鮮人が殺害されました。犠牲者《ぎせいしゃ》の数ははっきりとはわかりませんが、政府の中央防災会議の報告書（2009年）は、「殺傷《さっしょう》の対象となったのは朝鮮人が最も多かったが、中国人、内地人も少なからず被害にあった」とし、その数を震災の犠牲者約10万5千人の「1~数%」と推計しています。1%だとしても、約1000人が虐殺されたことになります。

1973年の「豊川信用金庫事件」も有名な例です。愛知県宝飯郡《ほいぐん》小坂井町（現・豊川市）の豊川信用金庫について、高校生が電車内で「信用金庫は危ないよ」といった冗談《じょうだん》を交《か》わしたことをきっかけに、「豊川信用金庫は危ない」というデマが広がり、パニック状態に陥《おちい》った人々が豊川信用金庫に殺到《さっとう》、20億円もの預金が引き出されました。このときも、石油危機による不景気や不安が背景にあったといわれています。

石油危機がらみでは、同じ年の10月、当時の中曽根《なかそね》通産大臣がテレビ番組内で「紙の節約」を呼びかけたのをきっかけに「紙が無くなるらしい」という噂が広まりました。大阪市のスーパーでトイレットペーパー買《か》い占《し》め騒《さわ》ぎが起こり、それが端緒《たんしょ》となって日本中の小売店からトイレットペーパーや洗剤《せんざい》、砂糖、塩までもが品薄《しなうす》になる事態が起きました。

# 第2章

# 事実はどうしたらわかる？

前章では、世の中には事実か虚偽《きょぎ》かがわからない「グレー」な情報があふれていること、そしてその事実確認はとても難しいことをお伝えしました。

読者のみなさんはもしかしたら、事実なんてそもそもわかるのか？　と思うかもしれませんね。

でも、**明確な事実がわかるケースはあります**。

## 教室には何人いる？

たとえば、私がゲスト講師として、ある高校に呼ばれて教室で生徒のみなさんに話をしているとしましょう。

その教室で、担任の先生が最初に出欠を取った結果、20人の生徒が聞いているとします。それが多いのか少ないのか、つまり「20人も」聞いてくれていると思うのか、「20人しか」聞いていないと思うのか、それはゲストでやってきた私の心の中の問題です。でも、20人が教室にいたということは「事実」です。40人ではなく、10人でもないわけです。

「当たり前だろう」と思うかもしれません。でも、そのように事実か虚偽かの判断がしやすい「数」が、大きな話題になったことがありました。

2016年のアメリカ大統領選でトランプ氏が当選し2017年1月には大統領の就任式がありました。私も現地で取材しましたが、就任式に参加するために全米から駆《か》けつけた群衆の人数が「過去最大だ」と、トランプ氏の報道官は発表したのです。

しかし、群衆全体を撮影《さつえい》した写真などでみると、2009年のバラク・オバマ氏の就任式のときよりも、明らかに少ないわけです。

そのことを、メディアから指摘《してき》されたトランプ氏の側近は、過去最大という見方について、「もう1つの事実（オルタナティブ・ファクト）」だと主張しました。過去最大かどうかは、事実か事実でないかどちらかのはずですが、事実が2つあってもおかしくないという見方を示したのでした。

トランプ大統領の就任式（左）とオバマ大統領の就任式の様子（右）
写真：ロイター／アフロ

２０１６年の選挙は、選挙中から、「ローマ教皇がトランプ氏を支持した」とか、「(対立候補だった民主党の）ヒラリー・クリントン氏の側近が（ワシントン市内の）ピザ屋を児童売春組織のねじろにしている」とか、ありとあらゆる虚偽情報が出回った選挙でした。事実の追求は大事だと考えて30年も記者をしていた私には衝撃的《しょうげきてき》でしたが、この「オルタナティブ・ファクト」発言が、一番ショックだったかもしれません。

もちろん、世の中には確認できない情報がたくさんあります。でも、「ローマ教皇がトランプ氏を支持しているかどうか」は確認できるし、「ピザ屋が児童売春の組織かどうか」も警察が調べれば確認できるはずです。

就任式に集まった人数についても正確な数は数

えられないですが、群衆全体を撮影した写真や、地下鉄の利用人数などから、過去最大であるかどうかどうかはわかるはずです。

私が話している教室で、本当は20人しかいないのに、「この教室には40人います」と主張して、それが「オルタナティブ・ファクトだ」とされてしまうのは、怖《こわ》い世界だと思うのです。

## 報道の自由と事実の隠蔽《いんぺい》

話は少し変わりますが、ここで「報道の自由」についてもお話ししたいと思います。

さきほど示したような事実の隠蔽や政府にとって都合のよい解釈《かいしゃく》は、アメリカのような民主主義社会も含《ふく》め世界のどの国でも起きます。しかし、独立したメディアがあり、フリーランスも含めたジャーナリストが活躍《かつやく》できる社会では、しばしば隠《かく》されていた事実が報道され、問題が修正されることがあります。

一方、軍部の独裁政権や、全体主義的・権威主義的《けんいしゅぎてき》な国においては、日常的に事実の隠蔽や捻《ね》じ曲《ま》げが起きています。報道の自由が認められていないため、事実の隠蔽や捻じ曲げを修正する機能が、非常に乏《とぼ》しいのです。

日本も、かつては全体主義国家でした。第二次大戦中は政府・軍部がメディアを統制し、事実が報道されない体制にありました。満洲事変《まんしゅうじへん》までは新聞にも軍部に批判的な記事が掲載されていましたが、やがて大衆的な世論の流れに乗って好戦的な報道を展開するようになります。

有名なのは、1942年のミッドウェイ海戦の報道です。アメリカなどを相手にそれまで優位に戦争を進めていた日本は、ここで惨敗《ざんぱい》を喫《きっ》します。日本海軍が出撃《しゅつげき》させた空母4隻《せき》はすべて沈没《ちんぼつ》し、航空機約300機を失い、多数の熟練パイロットが亡くなりました。一方、アメリカは空母3隻のうち沈没したのは1隻だけで、航空機も150機の喪失《そうしつ》にとどまりました。しかしながら日本軍大本営は、日本と米国の損害はほぼ互角《ごかく》であるかのように発表し、軍の支配下にあった新聞はそれをそのまま伝えたのです。

軍部がメディアをコントロールして、**自国にとって都合が悪いことを国民に伝えないことは、戦時中の日本軍に限らず、世界中でくり返されています。**

今の日本は、憲法で報道の自由が保障され、自由で独立したメディアやジャーナリストが活躍《かつやく》していますが、そうではない国は多いのです。近年は全体主義・権威主義的な国家の数と、民主主義国家の数が拮抗《きっこう》する状況《じょうきょう》になっています。

## 新聞記者はどうやって事実確認しているか

さて、そのような民主主義国家で、記者たちはどのような訓練を受け、どのような報道をしているのでしょうか。事実はどうしたらわかるのかを考えるためにも記者の仕事のやり方を少し紹介《しょうかい》したいと思います。

新聞の連載記事《れんさいきじ》や特集記事には、場面の描写《びょうしゃ》が出てくることがあります。私自身が執筆《しっぴつ》した記事（2008年12月22日朝日新聞GLOBE6号）の一部を例示します。

当時、世界的な経済・金融危機《きんゆうきき》（リーマンショックとも言われました）が起きた中、景気や物価をコントロールする日本銀行が金利（お金を貸し借りする際のコスト）をどうするかが注目されていました。内容はちょっと難しいですが、細かい数字や専門用語は読み飛ばしてもらって大丈夫《だいじょうぶ》です。

> 10月31日。日本銀行8階、ダークブラウンの壁《かべ》に囲まれた会議室は、緊迫感《きんぱくかん》に包ま

れていた。

「利下げ幅《はば》は0・2%とし、金融市場がしっかり機能するようにしたい」

「いや、金利《きんり》変更《へんこう》は0・25%にすべきだ」

大きな円卓《えんたく》の周りに座っていたのは、日銀総裁、副総裁、審議《しんぎ》委員《いいん》、政府代表の計10人。9月中旬《ちゅうじゅん》、米国の証券会社リーマン・ブラザーズの破綻《はたん》に始まる金融不安はまたたく間に世界各国に広がり、景気は大きく後退。日銀も対応を迫《せま》られていた。

すでに米国などの中央銀行は利下げを繰《く》り返《かえ》している。

白川《しらかわ》と副総裁2人は、政策金利をそれまでの0・5%から0・3%へ、0・2%幅引き下げることを提案した。あわせて、市場金利が動く下限を0・1%、上限を0・5%とし、ちょうどその真ん中を「誘導《ゆうどう》目標」とすることが望ましいと訴《うった》えた。

1人の審議委員は賛成した。だが、3人の審議委員は「下げ幅を0・25%にすべきだ」と譲《ゆず》らない。市場はすでに金利が0・25%で動くことを想定しており、0・2%という中途半端《ちゅうとはんぱ》な刻みだと混乱を招くという見方だった。民間エコノミスト出身の審議委員、水野温氏《みずのあつし》だけが、金利の据《す》え置《お》きを主張した。

午後2時に予定していた結果の公表時刻が迫る。円卓の後方で見守る日銀幹部の脳

裏に「いったん水入りにして、発表時間は再調整するのかな」という考えがよぎった
そのとき、白川が議論を打ち切って、宣言した。

「採決します」

白川の決断に驚《おどろ》きが走った。政府代表である財務副大臣・竹下亘《たけしたわたる》と内閣府副大臣・宮沢洋一《みやざわよういち》には議決権がない。2人が退席し、残ったのは8人。

事務局幹部が、執行部《しっこうぶ》の提案する0・3%の金利案（下げ幅0・2%）が書かれたA4サイズの紙をクリップボードにはさみ、一人一人の席を回っていく。委員たちが、賛成と反対の欄《らん》に名前を書《か》き込《こ》む。最後にボードが白川のもとに戻《もど》ったとき、賛成には3人、反対には4人の名前があった。

白川は賛成の欄に署名し、淡々《たんたん》とした口調で「賛否同数ですので、議長案で決します」と告げた。他の委員たちはひと言も発言せず、会議室はしばらく沈黙《ちんもく》に包まれた。

金融政策の採決で、賛否が同数になるのは、戦後初めてのことである。日銀の政策委員会は、全会一致《ぜんかいいっち》や賛成多数で決まるのが常だった。

白川は今年4月、第30代日銀総裁に就任した。7年7カ月ぶりの利下げ、総裁として初の金融政策の発動は、波乱の幕開けとなった。

こうした日本銀行の政策決定（金融政策決定会合）は、記者会見で概要《がいよう》の説明はあるものの、メディアにも国民にも非公開で行われます。

決定が行われた直後に、その中身を取材するのは簡単ではないのですが、私はたまたま1990年代に記者として日本銀行を担当した経験があり、オフレコ（自分が話したということを明らかにしない形）で、中身について教えてくれる関係者が何人かいました。それでも、戦後初の「賛否同数」という決定でもあり、口は重いものです。1人にまず少し聞けたら、それを他の人にも確認したり、追加で聞いたりする作業をしました。

人間の記憶《きおく》はあいまいですし、しばしば時がたつと自分に都合よく記憶そのものを書《か》き換《か》えてしまいがちです。なので、この会議に参加した人や目撃した人など5人以上に当たって、会議での発言、雰囲気《ふんいき》、メンバーの出入りなどの証言を取りました。人間の記憶はどうしても食《く》い違《ちが》うので、証言が重なっている部分に絞《しぼ》って書きました（それでも、出席者の記憶に頼っているので録音データを再生するほど正確にはならないのですが）。

この一つの場面を描《か》くのも、関係者の取材・対面の時間だけでなく、取材の準備・下調べ、証言のどの部分が一致し、どこが一致していないのかといった検証などで、軽く10時

証言が重なる部分を記事にする

**間以上はかかったと思います**。こうした取材の場合、初対面で名刺《めいし》交換《こうかん》をして詳しく教えてくれるわけはないので、オフレコで話しても大丈夫だと**信頼《しんらい》してもらえる関係を作るために、何年もかかることがあります**。

ちなみに、金融政策の決定は全会一致や大差がつくケースが多く、私はこの取材をするまで採決の方法について特に気に留めていませんでした。挙手をするのかなと思っていたのですが、取材をする中でA4サイズの紙をクリップボードにはさみ、名前を書きこんで最後に総裁のところに回ってくる仕組みだと知りました。

「神は細部に宿る」という言葉がありますが、ディテールを描かないと臨場感は出てきません。そして、ディテールを描き出すのに取材の時間がかかることは多いのです。

## 5W1Hをていねいに調べる

もちろん、もっと簡単に事実認定ができることもあります。

たとえば、火事や地震《じしん》といった災害の現場を記者自身が目撃したら、その場で見たことや、現場にいた人を取材して、記事に盛りこむことができます。

「5W1H」といわれますが**「When（いつ）」、「Where（どこで）」、「Who（だれが）」、「What（何を）」、「Why（なぜ）」、「How（どのように）」**という基本的な情報を集めるのが、記事を作る上でのポイントです。この基本は、事件取材でも政治や経済の取材でも変わりません。

もっとも、亡くなった人や怪我人《けがにん》が何人いるか、事件の犯人の動機などについては警察や消防、自治体の発表に頼《たよ》らざるをえないことはあります。その場合、**どういうソース（情報源）をもとに書いているのか**を明示する必要があります。

つまり、何人亡くなったのか、ということを記者は認定できないわけですが、「警察が何人と発表した」ということは事実なので、書いてもよいと判断しているわけです。さきほど、戦時中の軍部の発表が事実に基づいていなかった例を出しましたが、現在の（戦後の）日本の警察・検察や消防、自治体の信頼度は高いという前提のもと、ニュースソースとして書いていることになります。

とはいえ、警察や検察も組織防衛のために都合の悪いことを隠《かく》すことはあります。よく知られている例としては、北海道警察の「裏金」問題があります。2003年、捜査《そうさ》用の謝礼が不正に使用され、飲食費などの裏金として使われているという疑惑《ぎわく》が報道された当初、北海道警はそれを否定しました。しかし、北海道警OBの告発を機に事態は動き、最終的に北海道警本部長は、道議会で組織的な裏金作りを認め謝罪しました。

メディアや記者にとって大切なのは、取材対象から独立していることです。警察・検察と一体化せず、一定の距離《きょり》を置くようにメディア側は注意しなければなりません。長く一つの分野や組織を取材すると、自分と取材対象の価値観が似てくるケースがあるのです。それは警察・検察に限らず、政治家、官庁、企業《きぎょう》、市民団体まで同じことです。良い記者は、取材対象と一体化しないよう常に自戒《じかい》しています。

また、取材対象の発言についても、その**内容に根拠《こんきょ》があるかどうか**は重要です。相手が実際に話した言葉（話したことは事実）であっても、その内容がたとえば科学的に根拠がないものであるのならば、そのまま報道することは勧《すす》められません。

相手の話した内容が真実かどうか疑問がある場合は、記事にする前にリサーチ（たとえば複数の学術論文などをあたって調べる）を行います。相手の話した内容が間違いだったり疑問がぬぐえない場合は、その発言を引用しない、あるいは引用したとしても違う見方もあることを記すように先輩《せんぱい》から指導されましたし、私もデスクや編集長のときは、そのように後輩《こうはい》を指導しました。

もう一つ、**私が心がけていたのは記事やコラムを出す前に音読すること**でした。音読によって文章の流れが悪いところやケアレスミスを発見できます。また、記事やコラムを支える根拠が弱いところにも気がついて調べ直すことにもつながります。これはみなさんが宿題のレポートを出す際にも使える簡単なチェック方法だと思います。朗読する必要はありません。口の中でモゴモゴと話すだけでも、黙読《もくどく》と違ってミスに気付きやすいのです。

## 調査報道には時間がかかる

独自の調査報道をするときは、警察・検察や、業界を監督《かんとく》する官庁といった当局を頼《たよ》ることができないケースも多くなります。私自身も、大手銀行や大手生命保険会社が取《と》り扱《あつか》っている商品が消費者を騙《だま》すようなセールスになっているケースについて何度も調査報道したことがあります。監督当局が違法《いほう》性を認識している場合は書きやすいのですが、当局がそれに気がついていない（あるいは無視している）場合は、なぜそのセールスが問題なのか新聞社側（私を含めた取材チーム）が「立証」しなければなりません。

たとえば、1999年には、生命保険会社が、顧客《こきゃく》が不利になるのにそのことを顧客に告げないまま保険商品を利率が高いものから低いものに「転換《てんかん》」させていたセールス手法についての調査報道を行いました。民間の保険数理の専門家などにも協力を仰《あお》ぎ、彼《かれ》らとともに保険の「現在価値」などを計算し、顧客に不利になることを実証しながら、多くの関連記事を出しました。当初は問題を認めなかった生保会社側も問題を認め、金融監督当局も省令を改正する対応を図りました。私自身が問題の所在に気がついてから数年、実際にチームを組んで取材を始めてから改善が図られるまでに半年近くを要しました。これは一例ですが、**独自で問題を発掘《はっくつ》していく取材には多くの時間と労力がかかります。**

## 誤報を防ぐための仕組み

マスメディアは誤報を防ぐためのチェックシステムを社内に持っています。一線の記者が**記事を書いてから実際に紙面になるまでにはいくつもの関門があります。**

その担当チームの責任者（キャップ）がまず目を通して疑問点などがあったら書き直しを命じ（担当分野によってはキャップがいないケースもあります）、次に本社のデスク（次長）が問い合わせや修正をします。「校閲《こうえつ》」といわれるセクションの人たちが表記の揺《ゆ》れや不適切な表現、事実関係の誤りなどを、可能な限り原資料を当たって指摘してくれます。さらに編集局の幹部も目を通して、デスクを通じて疑問点を指摘されるケースもあります。他人の目、専門職（校閲）やベテラン（デスクなど）を通すことで、筆者の思いこみによるミス、確認が不足している点などが明らかとなり、誤報を減らすことができます。

私自身は新聞社に34年勤め、その間、留学やデスク勤務の数年のブランクを除くと、ほぼ一貫して記事や社説、コラムを執筆する立場にいました。幸い現役時代に誤報や訂正《ていせい》を出さずにすみましたが、それは記事をチェックする人たちがいたからです。そうしたシステムがなければ、間違いなく数十件の訂正やお詫《わ》びを出していたでしょう。人間は、どれだけ注意をしていても、必ずミスをしてしまうものです。

さらにいえば**何重ものチェックシステムを持っていても、誤報や訂正は出てしまいます**。近年の大きな誤報の例としては朝日新聞の「従軍慰《じゅうぐんい》安婦《あんふ》報道」があります。朝日新聞は2014年、日本の植民地だった韓国《かんこく》・済州《チェジュ》島で戦時中、女性を慰安婦にするため暴力を使って無理やり連れ出したと証言していた吉田《よしだ》清治《せいじ》氏（故人）を取り上げた記事や関連する合計19本の記事を取り消しました。最初の記事は1982年に出たものですが、検証を行った結果、吉田氏の証言は虚偽だと判断したためです。取り消しまで30年以上がかかり、朝日新聞の信頼は大きく傷つきました。

この誤報を検証した第三者委員会は、吉田氏が1982年の講演で、報道された内容の発言をしたことは否定できないとしつつ、「報道機関としては発言の真偽を確認して報道を行うべきことは当然」として、裏付け取材を怠《おこた》ったことを厳しく批判しました。

慰安婦報道を検証した特集紙面で謝罪をしなかったことや、その問題について触れた池《いけ》上彰《がみあきら》氏のコラムの掲載《けいさい》を一時見合わせたことなど複数の問題が重なり、当時の社長や役員、幹部らが辞任したり更迭《こうてつ》されたりしました。

## LINEのメッセージと報道の重みは異なる

このように、マスメディアの場合は、誤報や捏造《ねつぞう》があれば厳しい目でみられます。通常、記事に間違いがあれば紙面で訂正やお詫びを出し、ひどい誤報の場合には処分されます。

しかし、YouTubeやX（旧Twitter）で話されたり書かれたりしていることが、何重にもチェックを受けているわけではなく、事実関係が間違っていたとしても訂正されないケースが大多数です。友人との会話やInstagramのDM、LINEのトークで情報をやりとりする際に、いちいちそれが事実かどうかを確認しているわけではないことが多いでしょう。私自身も、友人と話す際にそこまで注意しては話しません。

先にお話ししたように、マスメディアも誤報を出すことがあります。また、このあとお話ししますが、各新聞社やそれぞれの記者にも、なんらかのバイアスはあります。なので、マスメディアが報じることを「すべて真実だ」と受け止めるのがよいわけではありません。

ただ、チェックを受けていない情報と、誤報を防ぐために何重ものチェックをしているマスメディアのニュースには、「情報の質」の面では違いがあるという点は意識しておくとよいと思います。情報の正確性を確保するために、コスト（人件費など）をかけているかどうかの違いともいえるでしょう。

## 情報の確度を確かめるチェックリスト

さて、記者が記事を書く上でも実行していることとも重なりますが、世の中に流れている嘘か本当かわからない情報の確度を確かめる上で、便利な道具がありますので、ここでご紹介します。アメリカの図書館や大学の授業などで使われている「ＣＲＡＡＰ（クラップ）テスト」というチェックリストです。「ＣＲＡＡＰ」は、以下の英語の頭文字で、おおまかな内容を記《しる》します。

### ―1― Currency（適時性）

その情報はいつ発信・投稿されたのか。更新《こうしん》・訂正されていないか。調べている話題に対して、古すぎないか。リンクは機能しているか。

――2――Relevance（関連性）

調べている話題とその情報は関係しているか。想定している読み手はだれか。内容の難易度は適切か。複数の情報源を参照したか。

――3――Authority（情報源の権威）

だれが筆者（発信者）で、どういう媒体《ばいたい》（発行元）、発言者（引用元）、スポンサーなのか。筆者の経歴・資格・所属は何か。筆者はその話題について執筆するのに適切な人物か。発行元やメールアドレスなどの連絡先情報はあるか。ウェブサイトならば、URLからその組織についてわかることはあるか。

――4――Accuracy（正確性）

その情報の出典・出所はどこか。エビデンス（証拠《しょうこ》）で裏付けられているか。精査《せいさ》や査読《さどく》を受けているか。ほかのソース（情報源）や自分の知識から確認できるものか。語り口に感情やバイアスは含《ふく》まれていないか。スペリングや文法のミスがないか。

――5――Purpose（目的）

その情報の目的は何か（読み手に知らせたいのか、教えたいのか、モノを売りたいのか、楽しませたいのか、説得したいのか）。筆者（発信者）やスポンサーは、意図や目的をクリアにしているか。その情報は事実なのか意見なのか、プロパガンダなのか。筆者の視点は客観的で中立的か。政治的、イデオロギー的、文化的、宗教的、組織的、個人的なバイアスはないか。

良くできたリストだと思いますが、全部やろうとすると大変ですね。もう少し簡略化を試みましょう。私がそれぞれの項目《こうもく》の中で、特に重要だと思うのは、以下の通りです（順番は入れ替えました）。

―1― いつ発信されたものかの確認。

―2― 複数の情報源の確認。

―3― エビデンス（証拠）の確認。たとえば、科学的な話題なら権威あるジャーナルに引用されているかの確認。

―4― 発行元（媒体）、筆者（発信者）の専門性の確認（高名な学者でも、自分の専門外の分野だと見当はずれの発言もありうるので注意）。

いつ、『ふくえび』発売？

## 5　バイアスや目的の探求（完全にはわからないことも多い）。

日常の情報チェックで使うには、覚えやすいほうがいいですね。いろいろ考えてみたのですが、傍点をつけた頭文字をとって、「いつ」「ふく（複数の情報源）」「えび（エビデンス）」「はつ（発行元の確認）」「ばい（バイアス）」→「**いつ、『ふくえび』発売？**」と覚えると、リストを思い出しやすいかもしれません。

「ふくえび」というのは、聞き慣れないと思いますが、香川県産の干しエビで、そういう名前の名産品があるようです（私もネット検索で発見しました　笑）。

「ばい」つまり「バイアス」のところは、少し注意が必要です。筆者（発信者）の目的が明らかな場合（たとえば商品のセールス目的だとか、詐欺《さぎ》目的とか）もありますが、目的が見抜けない場合もあります。情報は、発信者の手を離《はな》れたとたん一人歩きをするものです。バイアスや目的を見抜けないことを気にする必要はありません。ただ、いったんどういう目的なのかを考えてみることが、情報の質を考える際に有益なケースもあります。

また、**完全にバイアスがゼロ（ニュートラル）という人や組織は、ないともいえる**でしょう。できる限りフェアに物事を考える態度は重要ですが、それでも人間は、自分自身の信念や経験から完全には自由になれないと思います。したがって、バイアスがあるからNOと拒否《きょひ》していたら、きりがなくなってしまいます。

ただ、情報の質をみていくときに、発信者（筆者）の所属する組織（政府や企業含め）特有のバイアスがあるのではないか、政治的なバイアスがあるかなども含め、どんなバイアスがありうるかと考えてみることは有益です（第4章で詳《くわ》しくみていきます）。

日本では、マスメディアへの信頼度は、まだそこまで低くなってはいません。とはいえ、若い世代ではマスメディアを信用しない人も増えています。

もちろんマスメディアも、先に述べたように誤報も含め、さまざまな問題を抱えています。また、メディアによって保守やリベラルといったイデオロギー的なバイアス（傾向《けいこう》）もあります。取り上げるニュースの種類も違うでしょうし、大きく報じるか小さく報じるかといった取り上げ方もメディアや個々の記者によっても違います。

なので、マスメディア報道についても、そのまま鵜呑《うの》みにするのではなく何らかのバイアスはないか、埋《う》めこまれている価値観はないかなどについて、考えてみることは大切です。また、テレビや新聞で報じられているニュースは世の中の出来事のごく一部です。ニュースの時間や紙面に制約があるので仕方ないことですが、どんなニュースを取り上げるかの価値判断は、それぞれのメディアにあるわけです。

ただ、さきほども触れた通り、バイアスは、メディアに限らず、あらゆる人にあるものなので、それを完全に取り除くことはできません。また、マスメディアを疑った結果、「マスメディアが報じない真実」などと宣伝するインターネット上の虚偽情報や陰謀論にはまりこんでしまうケースも見られます。

この章で取り上げた最初の例でいうと、教室の中に「20人もいる」とポジティブに書くのか、「20人しかいない」とネガティブに書くのかは、筆者の価値観やバイアスが入ります。しかし、**人数が20人だったというのは事実です**。ミッドウェイ海戦の話を出しましたが、戦時中に日本軍の戦況が正確に報道されていたら、戦争の続行を軍部が主張し続けたとしても、世論が変化し軍部の判断も変わったかもしれません。

**事実の確認は、私たちが暮らすこの民主主義社会を支える基本**だと思います。そのことを次の章でも取り扱っていきましょう。

◆ポイント

世間に流通している情報には、事実確認の努力がなされているものと、そうでないものがある。

◆ポイント

事実が確認できるケースはある。しかし、確認には労力がかかることも多い。

# 第3章

# ニュースの見出しをつけてみよう

さて、この章では、少しワークをしてみたいと思います。以下の記事（ChatGPTを使って作った、架空《かくう》の記事です）に、見出しをつけてみてください。

角田勲《かどたいさお》氏（仮名）は幼い頃《ころ》から困難な状況《じょうきょう》に直面していた。両親の離婚《りこん》によって家庭は混乱し、角田氏は憎《にく》しみと孤独《こどく》感に苦しんでいた。その結果、周りの人々に対して激しい怒《いか》りを抱《いだ》き、クラスメイトをいじめることでその怒りを発散した。角田氏は、高校生時代に、スーパーで万引きをくり返し、警察にも通報され、退学処分になった。

高校卒業資格が得られないまま、角

田氏は、地元の建設会社の作業員として働き始めた。最初は仕事場でも過去の怒りと苦しみを抱《かか》えていて、他の人との関係がうまく築けなかった。しかし、その会社で素晴らしい上司に出会い、上司のアドバイスもあって、角田氏は心理療法《しんりりょうほう》に取り組みはじめた。

心の癒《いや》しの過程で、角田氏は自分自身に向き合うことで過去の行いに対する深い後悔《こうかい》を感じ、次第に周囲ともうまくつきあえるようになった。また、建設業界での仕事の重要性とチームワークの大切さを理解した。その上司は角田氏の能力と熱意を認め、現場の仕事から管理職に昇進《しょうしん》させた。

建設業界に入って15年後、角田氏は、株式会社を立ち上げることを決意した。そしてその会社を、「希望建設《きぼうけんせつ》」と名付けた。以前の上司から学んだ良い点を取り入れ、従業員の能力を最大限に引き出すための環境《かんきょう》を作り上げた。従業員のアイデアや意見を尊重し、チーム全体の成功に焦点《しょうてん》を当てた。「希望建設」は徐々《じょじょ》に評判を高め、品質と信頼性《しんらいせい》を提供する建設会社として地域で注目を集めるようになった。

また、角田氏は、家庭に恵《めぐ》まれない地元の若者たちのために、自己啓発《じこけいはつ》のプログラムを立ち上げたり、奨学金《しょうがくきん》団体を作ったりして、支援《しえん》を行うようになった。角田氏の熱意とリーダーシップにより、「希望建設」の売上は毎年伸《の》び、今では、埼玉県でトップの会社となっている。

ただ、角田氏は、「希望建設」のホームページの社長プロフィールで、自身が中学しか卒業していないことや、高校を退学処分になったことは明らかにしていない。

—課題1— 素直に、見出しをつけてみる
—課題2— センセーショナルに見出しをつけてみる（読者の関心を引くように）
—課題3— 過去の悪事に焦点をあてて、ネガティブな見出しをつけてみる

うまく作れましたか？

この課題は、私が教えている大学で、実際に学生たちにやってみたものです。学生たちからは、いろんな見出しが出てきましたので、少しご紹介《しょうかい》します。

## —課題1— 素直な見出し

● 出会いで人生は変わる——「希望建設」角田社長の半生

● 「絶望」から一変、角田社長が「希望建設」を設立した経緯《けいい》とは？
● どん底からトップへ。奨学金団体を作る「希望建設」の社長とは？

## 課題２　センセーショナルな見出し

● 親ガチャ失敗からの逆転劇　埼玉トップの建設会社社長になるまで
● 衝撃《しょうげき》！　中卒社長がトップになるまでの過酷《かこく》な道のり
● 「希望」の会社を立ち上げた社長の、絶望的な過去

## 課題３　ネガティブな見出し

● 悲報——トップ会社の社長の角田勲氏、過去の犯罪やいじめが判明
● いじめ、万引き、高校退学——成功者角田氏の隠《かく》された「裏の顔」
● 犯罪の果てに退学処分、中卒社長が経営する「希望建設」とは

みなさんは、どんな見出しをつけましたか？　どんな見出しに惹《ひ》きつけられましたか？

**見出しによって、記事の印象が全く違《ちが》ってしまう**ことは実感したのではないでしょうか？

ふだんからスマホなどでニュースや情報をみるとき、最後まで目を通さず、見出しや、投稿《とうこう》の書き出し部分だけで、内容を判断してしまうことは多いでしょう。

オンラインメディアが収益を上げるには、まず記事をクリックしてもらう必要があるため、「釣《つ》り見出し」といわれるような、中身の一部だけを強調したり大げさにしたりしているようなニュースもみられます。

次に、もっと短い記事しか書けないと仮定して、この記事の要素について考えてみましょう。私なりに整理すると、以下の10ほどが主な要素かと思います。

①両親の離婚　②クラスメイトへのいじめ　③万引き
④退学処分　⑤優れた上司との出会い　⑥希望建設の設立
⑦従業員のチームワーク重視　⑧奨学金団体の立ち上げ
⑨埼玉県のトップ企業《きぎょう》に成長　⑩自分の経歴では退学処分などには触《ふ》れていない

すべて事実だと仮定して（実際はすべて架空ですが）、どの要素を取り出して書くかで、かなり違った印象になりますね。②③④の「事実」だけを取り出してネガティブな記事を書くことも可能です。

## すべての情報は切り取られている

前の章で、「事実は大事ですよね」という話をしました。しかし、**事実だけを取り出しても、角田氏の実像とはかなり違った姿を描《えが》き出《だ》せる**ことがわかると思います。

そもそも「事実」と「真実」は、何が違うのでしょうか？

広辞苑《こうじえん》で「真実」をひくと、「うそいつわりでない本当のこと」とあります。「事実」のほうは、「事の真実。真実の事柄《ことがら》。本当にあった事柄」とあります。

辞書の語釈《ごしゃく》からは、事実と真実は、なかなか区別が難しいですね。

角田氏のケースでいえば、私が思う「真実に近い」記事とは、①から⑩までの要素ができる限り入っているようなものです。人間とは複雑なものであり、複雑さが描かれていることが「真実に近い」と思うからです。例に挙げた文は、私のChatGPTへの指示がよくないせいか角田氏の発言の引用もなく平板な記事ではあるものの、ポジティブ、ネガティブ、いろんな要素が入っている点は評価できるところです。

ただ、何を真実と思うかは人によって異なります。取材した記者にとっての真実と、角田氏本人にとっての真実は違うかもしれない。ただし、プロフェッショナルな記者が角田氏を取り上げるのならば、多くの情報源から証言を集め、本人にも当たって、できる限り公平に角田氏を描くべきだろうとは思います。

しかしながら締《し》め切《き》りまでの時間や行数の制約、記者のバイアスなどさまざまな理由で、真実からは遠いと批判されることもあります。「印象操作」などという言葉が、メディアを批判する文脈でしばしば使われます。

ただ、ここで気をつけるべきことは、**そもそも情報というものを、すべて丸ごと伝えるのは難しい**ということです。

角田氏の例にしても、要約すればするほど、真実と遠くなってきます。

印象操作は、記事だけとは限りません。角田氏がたとえば好意的にメディアに取り上げられて有名人になったとして、Xで、昔の彼《かれ》を知る人が「アイツ、いい気になってるけど、昔は、万引きで警察につかまってたよ」とつぶやくことがあるかもしれません。それは事実であり虚偽《きょぎ》情報ではないけれど、明らかに角田氏の一面しか伝えない印象操作といえます。

ぜんぶを伝えることはできない

実は、**私たちは（意図的かどうかは別にして）日常的に印象操作をしている**ともいえます。レストランに行って、料理の写真を撮影《さつえい》してInstagramで公開するとき、美味《おい》しそうにみえる部分だけ切り取れば料理全体を撮るよりも、素敵な写真になるかもしれない。第1章でみたように、友達の噂話《うわさばなし》をしたときに、その人の良い面だけ、あるいは悪い面だけを別の友達に伝えるかもしれない。そもそも10分かけて誰かと話したことを、別の人に10秒に要約して言わなければならないこともあるわけで、そんなときに「全体像をフェア（公平）」に伝えることは、なかなか難しいのです。

そもそも**情報とは、切り取られたり再構成されていたりしているもの**なのです。

## 事実と意見を区別する

もう一つ、ふだんから、ニュースも含《ふく》めて情報に接するときに気をつけるべきことがあります。それは事実と意見を区別することです。

新聞には社説があります。それぞれの新聞社の主張が、社説として現れています。これは新聞社としての意見（オピニオン）なので、一般《いっぱん》のニュースとは区別して考えるべきです。また編集委員による顔写真入りのコラムも、その人の意見です。

一般のニュース記事については、社説やコラムと違って、なるべく事実に絞《しぼ》って書くべきだと考えます。しかし、記者の意見や印象が入ってくるケースは少なからずあります。

もちろん、それはふだんの会話の中でも同じです。

たとえば、私が知人のAさんを渋谷《しぶや》でみかけ、別の友達に以下のように話したと仮定しましょう。


昨日、渋谷に買い物に行ったら、偶然《ぐうぜん》、Aさんをみかけた。疲《つか》れさった表情で、とぼとぼと歩いていたので、声をかけられなかった。最近、奥《おく》さんを亡くされたらしいので、それがこたえているのでは。


「Aさんが渋谷を歩いていた」のは、私もそこにいたので事実です。

「奥さんを亡くされた」というのは伝聞なので、だれから聞いたのかによりますが、もし記者が記事にするのなら、事実確認が必要です。

Aさんが「疲れきった表情で」「とぼとぼと」というのは、みかけた私の印象に過ぎません。奥さんを亡くされたという情報を別の人から聞いていたので、その情報に影響《えいきょう》されたのかもしれない。ふだんから、Aさんは疲れ気味に見える人かもしれない。とぼとぼ歩く人かもしれない。この部分は事実とはいえず印象であり感想ですね。

私たちは、しばしば感想や意見のほうに引きずられて、文章を読んだり、人の話を聞いたりしています。それがまずいわけではないですが、**事実と意見（や感想）を区別して考えるクセをつける**ことは大事だと思います。

先に述べたように、一般のニュース記事では、できるだけ記者の感想や印象を入れず、事実を描写《びょうしゃ》するのがオーソドックスな手法です。

以下のような記事例を見てみましょう。野球のスーパースター、大谷翔平《おおたにしょうへい》選手の通訳だった水原一平《みずはらいっぺい》容疑者についての記事です。（2024年4月13日　朝日新聞デジタル）

〈水原一平容疑者、言葉少なに「イエス」　裁判官と15分のやりとり〉

米大リーグの大谷翔平選手から巨額《きょがく》のお金をだまし取ったとして銀行詐欺《さぎ》容疑で訴《そ》追《つい》された水原一平容疑者が12日、疑惑《ぎわく》の発覚後初めて公の場に姿を見せた。ロサンゼルスの連邦《れんぽう》裁判所での15分ほどの裁判官とのやりとりでは、「イエス」などと言葉少なに答えるにとどまった。

「カシャ、カシャ」

12日午後1時45分（日本時間13日午前5時45分）ごろ、50人ほどの傍聴人《ぼうちょうにん》で埋《う》まった法廷《ほうてい》に入廷してきた水原容疑者の足かせの音が響《ひび》いた。濃《こ》いグレーのスーツ姿。白いシャツのボタンを一番上までとめ、ネクタイはしていなかった。

裁判官が冒頭《ぼうとう》、足かせを外すことを認め、水原容疑者は弁護人のマイケル・フリードマン氏と並んで証言台に立った。

記者の2メートルほど前に立った水原容疑者は、これまで写真で見た表情とあまり変わらないように見えた。わずかに茶色がかった髪《かみ》の毛《け》は、襟足《えりあし》が少し伸《の》びていた。スーツにはところどころしわが見える。両手を前に組み、直立して裁判官の質問に答えた。

「名前はイッペイ・ミズハラですか」

「イエス」

「認否は別として、訴追の内容は理解しましたか？」

「イエス」

時折うなずきながら、表情は変えず、短い答えを繰《く》り返《かえ》した。

水原容疑者は同日午前、司法当局に出頭し、身柄《みがら》を拘束《こうそく》された。その際、パスポートを押収《おうしゅう》されたという。

裁判官からは、水原容疑者が家族とともにロス周辺に長く住んでいることや、犯罪歴がなく逃亡《とうぼう》の危険がないことなどから、保証金2万5千ドル（約383万円）での保釈《ほしゃく》が示された。このほか、裁判官は保釈の多くの条件を列挙した。

「（大谷選手ら）事件関係者との電子テキスト、電話、コンピューターを通じた接触《せっしょく》はできません」

「賭博《とばく》に関わってはいけません。物理的な賭博場に入ることもできません」

「違法《いほう》ドラッグや、大麻《たいま》の使用もできません」

水原容疑者は、声を出さずにうなずいた。裁判官からは、ギャンブル依存《いぞん》のための治療を受けることも条件として示され、弁護側は受ける用意があると述べた。

「これらに違反すると、保釈金が没収《ぼっしゅう》され、逮捕《たいほ》されることになります。内容は理解しましたか？」

保釈条件の確認を求められると、水原容疑者は「イエス」と答えた。
裁判官はこの日、水原容疑者の保釈を認め、即日《そくじつ》保釈された。5月9日に罪状認否の手続きが行われ、再び出廷する予定だ。
裁判所の外には多くの報道陣《ほうどうじん》が詰《つ》めかけたが、水原容疑者は取材に応じなかった。
（後略）

法廷の場にどんな姿で現れたのか、裁判官とどのようなやり取りがあったのか。記者はつとめて、事実に絞って書いていることがわかります。

印象や意見を書いている部分としては、「記者の2メートルほど前に立った水原容疑者は、これまで写真で見た表情とあまり変わらないように見えた」という部分がありますね。「これまで写真で見た表情とあまり変わりがない」というのは書いた記者の印象であり、一つの意見でしょう。ただ、2メートルほどの距離《きょり》で見ていたことを記すことで、間近で観察できたことは読者にもわかります。

事実の部分も、もちろん「切り取り」はあります。裁判官とのやりとりを全部載《の》せることは、記事の行数的にも難しく、記者が重要だと考えた部分だけ切り取っています。執筆《しっぴつ》した記者に直接聞いたところ、法廷内では録音が禁止されており、集中して取ったメモから、ピックアップして引用したそうです。

最近は、新聞社や雑誌社もオンライン（デジタル版）でPV数（ウェブサイトで表示されたページの閲覧数《えつらんすう》）を稼《かせ》ぎたいという目的もあって、記者が「自分の見方」をあえて出して書くスタイルで、読者を惹きつけるようなやり方もあります。

実際には、ニュース記事とコラムがごっちゃになっている記事（オンラインメディアも含め）が増えているので、**読み手としては「これは筆者の意見が相当入っているのかな？」「なるべくニュースを公平に報じようとしているのかな？」などと考えてみることが重要**だと思います。

## ファクトチェック団体が守っていること

ところで皆さんは、世の中にファクトチェック団体があるのをご存じでしょうか？前章も含めマスメディアや私たち自身が事実確認するためのリストやプロセスを紹介しましたが、ファクトチェック団体は、マスメディアが流す情報も含め世の中に広く流布している言説や情報について、事実確認を行っています。そして、重要な言説の中に虚偽が含まれている場合、積極的に公表しています。ファクトチェック団体には、メディアや研究者組織、市民団体（そして個人までも）が含まれますが、まだまだ我が国ではその数は多くありません。ファクトチェックの取り組みが十分とは言えない状況です。

そうした**ファクトチェック団体も、まず大前提として、この章で見てきた「事実と意見の区別」を重視しています**。意見は人それぞれによって違います。意見の妥当性《だとうせい》を検証するのではなく、客観的な根拠《こんきょ》・証拠《しょうこ》によって検証できる事実について、真偽を判断するのがファクトチェック団体なのです。

１９９０年代から欧米《おうべい》を中心に、ファクトチェックの活動は広がってきましたが、近年、インターネット上の虚偽情報が増えるにつれ、その存在感も増しています。

ファクトチェック団体のグローバルなつながりとして、国際ファクトチェックネットワーク（ＩＦＣＮ）という組織があります。

ＩＦＣＮは、ファクトチェック活動について５つの原則を定めています。①非党派性と公正性、②情報源の基準と透明性《とうめいせい》、③資金源と組織の透明性、④検証方法の基準と透明性、⑤オープンで誠実な訂正方針で、これが国際標準の綱領《こうりょう》にもなっています。ＩＦＣＮは２

０１７年から、この綱領に基づいて審査を開始し、この原稿を執筆している２０２４年６月時点で、１５９の団体（日本からは４つの団体）が加盟しています。

ファクトチェック団体の活動に大きな注目が集まったのは、２０１６年の大統領選で共和党候補のトランプ氏が虚偽発言をくり返した際でした。中でも有名なのは「ポリティファクト」という団体です。２００７年に発足し、主に政治家の重要な場面での発言の正確性を判断しホームページで公表してきました。

私は２０１６年秋に、ポリティファクト編集長（当時）のアンジー・ホラン氏に、ワシントンでインタビューしました。トランプ氏の重要な発言の7割が「虚偽」もしくは「虚偽に近い」と公表して話題になっていましたが、それはトランプ氏を批判したいからではないと強調していました。ポリティファクトは、民主党支持でも共和党支持でもなく、発言が事実かどうかに絞ってチェックしているということなのです。

そうした作業がなぜ必要かというと、選挙で選ばれる公人である政治家の発言が事実かどうかをチェックするのは、**民主主義（デモクラシー）の根幹にかかわるから**です。有権者は、事実に基づいた情報を判断材料に選挙で投票してほしい。そのためには政治家の発言が事実かどうか、事実でないとしたらどの部分なのかについて知らせることは大切でしよう。

ポリティファクトは、対立候補の民主党のヒラリー・クリントン氏もチェックしていました。ホラン氏にインタビューした時点で「虚偽」もしくは「虚偽に近い」発言率が26％あり、アメリカの政治家の平均的な数字だとホラン氏は話していました。

◆ポイント——すべての情報は切り取られているが、だからといって、事実と嘘《うそ》をごっちゃにしていいわけではない。
◆ポイント——事実と意見を区別しよう。

column

# テレビ放送って公平？

公共の電波を使う放送については、放送法という法律があります。1950年に制定され、その4条は番組編集にあたって「政治的に公平であること」や「意見が対立している問題については、できるだけ多くの角度から論点を明らかにすること」などを放送事業者に求めており、日本のテレビ局やラジオ局は、この法律によって縛《しば》られています。放送局が一方的に自民党寄りの放送をしたり、立憲民主党や共産党寄りの放送をしたり、ということはできないわけです。

アメリカにも、ほぼ放送法4条と同じ中身の「フェアネス・ドクトリン」という連邦通信委員会（FCC）の指針があったのですが、1987年に廃止されています。それを機に、公共の電波でも、極端《きょくたん》に保守的な放送や、リベラル的な放送が可能になっており、それがアメリカの分断の一因になっているという見方があります。

「言論の自由」という大原則を考えると、政府がそのような規制をすべきでないという考えと、国民全体の資産である公共の電波を無料で使っているのだから党派性を持った極端な放送をすべきでなく規制が必要だ、という両論がありうるわけです。

日本でもこの放送法4条を廃止《はいし》しようという動きは、過去に保守派からもリベラル派からも出ています。ただ現在のところ廃止には至っていません。ＮＨＫや民放のニュース番組などが、極端な考えで埋《う》め尽《つ》くされていないのは、このような放送法の条文が存在するからなのです。

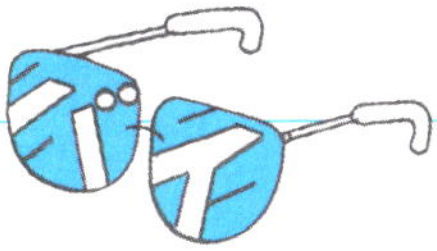

# 第4章

# テクノロジーと人間のクセを理解しよう

動画の配信や共有に広く利用されているYouTubeというソーシャルメディアがあります。アメリカ発のサービスですが、日本でも7000万人以上が使っています。楽しい動画をみることができるので、若い人からお年寄りまで人気ですよね。YouTubeは、検索《けんさく》大手のGoogleが買収し、いまはGoogleの一部門になっています。

私は、息子が4歳《さい》からサッカーをやっていて、試合をみているうちにサッカーの面白さにはまり、サッカー観戦が趣味《しゅみ》になりました。YouTubeでもサッカー関連の動画が「おすすめ」されてきて、ついみているうちに、あっというまに夜中の1時なんてこともあります。

本当は早く寝《ね》たほうが翌日の仕事のパーフォーマンスは上がるのかもしれませんが、仕事を終え、寝る前のリラックスタイムだと言い訳しています。

そうした何かにはまるのが、1、2時間ぐらいなら良いかもしれませんが、5時間も10時間もとなると目にも悪いでしょうし、仕事や勉強にも差《さ》し支《つか》えますね。YouTube のゲーム実況《じっきょう》動画にはまってしまった、というような話もよく聞きます。

なぜなかなかやめられなくなってしまうのでしょうか。それは、ソーシャルメディアを動かしているコンピューターの仕組みと関係しています。

## アルゴリズムとは何か?

第2章、3章では、新聞の記事がどんな仕組みで作られているかという話をしましたが、いまでは紙の新聞やNHKテレビの定時ニュースをみる習慣をもつ人は、高い年齢層《ねんれいそう》の人が中心で、若い人は少数です。

では、若い人がニュースに接触《せっしょく》しないのかというと、そういうわけではありません。みなさんのような若い世代にとって、ニュースはほかのさまざまな情報とともに、ＬＩＮＥやＸ（旧Twitter）、YouTube、TikTokといったソーシャルメディアを通じて手元に届くのではないでしょうか。ニュースとエンターテインメントの区別なく、たくさんの情報に接触していることが多いと思います。

ソーシャルメディアは、コンピューターのアルゴリズムを使って、私たち**ユーザーの行動や好みに基づいて個々のユーザーに最適化された情報を届けてくれます**。たとえば、冒頭《ぼうとう》の私のケースでいうと、YouTubeで過去にみた動画の履歴《りれき》から、私が「サッカー好き」ということがわかるので、サッカー関連のコンテンツがどんどん表示されます。ソーシャルメディアは無料で使えることが多いですが、ユーザーがそのサービスを気に入り、使い続けてくれることが、広告収入の増加につながるからです。

このような仕組みの中では、情報の質の優劣《ゆうれつ》よりも、人々の注意や関心（アテンション）を得ることが経済的な価値を生むようになり、その状況は「**アテンションエコノミー**（関心経済）」とも言われています。

いま、アルゴリズムという言葉を使いました。英語を直訳すれば「計算式」とか「手順」という意味で、コンピューターが情報を処理する際の基本となるものです。

YouTubeの例を挙げて説明してきましたが、アルゴリズムを使っているのはソーシャルメディアに限りません。Googleの検索とかAmazonでの買い物などにもアルゴリズムが使われています。本人が自分で入力したキーワードの検索履歴《りれき》や過去の買い物の履歴、「いいね」などの反応などをもとに、どのような情報を優先して画面に表示するかを決めるためにもアルゴリズムが使われています。

一つ実験をしてみましょう。みなさんのスマホやパソコンを使い、Googleで「グリーン」と打ってみていただけますか？

検索結果の一番上に、何が来たでしょうか？　私の場合、会社から貸与《たいよ》されているパソコンで「グリーン」を検索したら、転職・求人サイトのGreenが一番上にきました。自分のスマホで「グリーン」を検索したら、一番上に、GRe4N BOYZという日本のボーカルグループが一番上に来ました。

このように同じ人間でも、使っている自分のアカウント（仕事用か個人用かなど）や機器（パソコンかスマホかなど）によって**検索結果が違《ちが》ってくる**ことがあります。違う人物なら、その人の履歴などによって、検索結果の上位に来るものは変わってくるわけです。

人によってGoogleの検索結果が違うことは、私が直接話してきた人たちでも、学校の先生や、企業《きぎょう》の広報担当者の方でも、知らなかったことがあります。学校で教わったことがない世代の方々は、知らないまま暮らしていても不思議ではないですね。

Google、Apple、Facebook や Instagram を運営する Meta、Amazon などの巨大《きょだい》企業は、プラットフォーマーと呼ばれます。それらの頭文字をとって「GAFA」と呼ばれたりもします。

プラットフォーマーは、企業や個人がインターネット上でビジネスをする際に、その基《き》盤《ばん》（プラットフォーム）となるシステムやサービスの提供・運営をしており、その際の手数料や広告収入で収益を上げています。プラットフォームを利用するユーザーの膨大《ぼうだい》なデータを収集し、ビッグデータの分析《ぶんせき》をもとに効果的な広告配信やサービス提供を行うことができます。

私たちが、Google 検索やソーシャルメディアの便利な機能をタダで使えるのは、自分自身の情報をそうしたプラットフォーマーに提供しているから、ともいえるのです。

## アルゴリズムのメリットとデメリット

なぜ、アルゴリズムは、そうしたプラットフォーマーのさまざまなサービスに使われるのでしょうか。その背景には、この本の「はじめに」に書いたように、そもそもインターネット上の情報が多すぎるということがあります。

本書の冒頭で世界にある情報量の多さを確認しました。とてつもない量ですから、自分で手探りでお目当ての情報を見つけるのはほぼ不可能です。つまり、アルゴリズムは、そういう膨大すぎる情報から私たちの手元に届く情報を制限・精選してくれているわけです。**処理できない多すぎる量から、私たち一人一人の身を守ってくれるメリットがある**わけです。

一方で、デメリットもあります。さきほどお伝えしたように、私はサッカー観戦が趣味なので、YouTubeでもFacebook、Xでもサッカー関連の投稿、動画ニュースがたくさん表示されます。世の中には、野球、バスケットボール、ラグビー、バレーボールなどたくさんのスポーツがあり、それぞれのスポーツに多くのファンがいるわけですが、私のスマホやパソコンの情報環境《かんきょう》だとサッカーファンが多いと誤解する可能性があります。サッカー関連の情報をみている時間は、ほかの情報に接していないわけで、**関心の幅《はば》を自ら狭《せば》めてしまっている**ともいえます。

## フィルターバブルから抜《ぬ》け出《だ》す

つまり、インターネットが発達した現在の環境においては、放っておくと、自分好みの情報に囲まれがちになってしまいます。

アメリカの市民活動家、イーライ・パリサーは、2011年の著書で、アルゴリズムによるフィルターによって「あなた個人だけの独自のオンライン上の世界」が生じると指摘《してき》して、それを「**フィルターバブル**」と名付けました。一人一人が、目には見えない「バブル＝泡《あわ》」＝「閉じた空間」に囲まれてしまっているということですね。

インターネットやソーシャルメディアが普及《ふきゅう》する前、新聞やテレビ、ラジオなどのマスメディアが力をもっていた時代は、そうではありませんでした。

**紙の新聞の特長として一覧性があります**。新聞紙を広げると、関心があるニュースを読

バブルの中では、他の意見が聞こえづらい

んだあと、ついその横にある関心のない記事も読んでしまったりします。テレビも、硬派《こうは》なニュースから平易なニュースまで、まんべんなく報じたりもします。

このようにして記者や編集者というニュースを扱《あつか》うプロの目からみて大事だと思うニュースは、(あまり関心をもたれなさそうな難解なニュースも含《ふく》め)かなり多くの人に伝わっていく仕組みがありました。問題となっていたのは、むしろマスメディアという情報の生産者・発信者の数が限られていたことでした。マスメディアの一部の人間が、伝えるべき情報かどうかの判断を独占していてよいのか、メディアはどう議題を設定しているのか、メディアのバイアスについてどう教えていくべきかなどは、研究者の大きなテーマでもありました。

今もその課題はもちろんあります。ただ、マスメディアの影響力《えいきょうりょく》が下がり、プラットフォーマーの力が大きくなる中、より気をつけないといけないのは自分が受けとる情報選びの多くをアルゴリズム任せにすると、世界がむしろ狭《せま》くなってしまうことだと思います。

では、フィルターバブルに陥《おちい》らないためには、どうしたらよいのでしょうか?

一つの方法は、**あえて自分の考えや趣味とは違うものを、検索してみる**ことです。それによってアルゴリズムに別の情報を出してもらうアシストをすることで新たな知識や視点を得やすくなるかもしれません。

時折、インターネットから離《はな》れてみて、**紙の新聞や雑誌を読んでみたり、本屋さんや図書館でいろんな本にあたってみたりするのも良い方法**でしょう。インターネットやソーシャルメディアは、とても便利なデジタルツールですが、アナログに戻《もど》ることで新鮮《しんせん》な経験があなたを待っているかもしれません。

私が勤務しているスマートニュースは、巨大プラットフォーマーとは比較《ひかく》になりませんが、日本のニュースアプリとしては大手で、やはりアルゴリズムを使っています。

スマートニュースのアプリを開くと、トップ画面の一番上のほうから主要ニュースが3本、それに続いてさまざまなニュースが出てきます（2024年6月現在）。これらのニュースは機械と人の手により編成しています。

スマートニュースには、ユーザーがフィルターバブルに陥《おちい》ることを防ぎたい、という問題意識があって、ユーザーの興味・関心にあわせすぎない（パーソナライズしすぎない）アルゴリズムにしています。これを「Personalized Discovery」と対外的に説明しています。自分のトップ画面をみているとふだん関心を向けないニュースも出てくるので「なるほどな」と思うことはあります。

## エコーチェンバーとは？

フィルターバブル以外にもう一つ、「**エコーチェンバー**」というキーワードについても説明しましょう。オンライン上の現象としては、自分の声が閉じた部屋の中で反響（エコー）で跳《は》ね返《かえ》ってくるように、**SNSやネットの掲示板などで同じような意見に囲まれることにより、特定の意見や思想が増幅《ぞうふく》され、影響力をもつ**ことを指します。

2001年に米国の法学者キャス・サンスティーンが、インターネット時代におけるエコーチェンバーの問題を取り上げ広く知られるようになりました。サンスティーンは、過激な意見にくり返し触れ続け、多数の人が同じ意見を支持していると聞くと、それを信じこむ人が出てくると指摘したのです。

2000年代半ば以降、ソーシャルメディアが本格的に普及《ふきゅう》する時代になって、似たような意見の人をフォローしたり、リポストしたりできるようになり、よりお互《たが》いの意見が反響しやすくなりました。それによって、アメリカにおいては保守派とリベラル派の分断が激しくなっているという見方もあります。一方、ソーシャルメディアは分断を激しくくみせているだけで（反対側の意見が極端な形で見えてしまう）、実際の分断は、みかけほどでもないという分析もあります。

## バイアスのしわざ

そもそもなぜ、エコーチェンバーは起きてしまうのでしょうか？　一つにはすでに説明したSNSなどのアルゴリズムの影響《えいきょう》で、自分にあった情報がほうっておいてもどんどん手元に届いてしまうメカニズムに原因があります。

もう一つは、人間の心理と深い関係にあります。そのため特に心理学でいう「信念バイアス」や「確証バイアス」の基本について知ることが重要です。

**信念バイアスとは、情報の内容や論理的な正しさよりも、自分の信念に当てはまるかどうかで、情報が信頼《しんらい》できるかどうかを判断してしまう**ことです。

ある主張の結論が自分の考えと一致《いっち》していれば、その主張の論理的な正しさとは無関係に、その主張が妥当《だとう》であると判断し、自分の考えと違《ちが》っていれば妥当ではないと判断する傾向《けいこう》があるのです。

**確証バイアスとは、そうしたもともとの自分の信念に合致《がっち》している情報を重視したり、積極的に集めたりする傾向**のことを言います。情報を収集する段階で、無意識のうちに自分の信念や仮説を支持するような情報ばかり集め、自分の信念に反する情報を無視してしまうため誤った結論に達してしまうこともあります。

たとえば、皆さんの血液型と性格について、友達の間で話題になったことがあるかもしれません。

**A型＝几帳面《きちょうめん》、まじめ**
**O型＝おおらか、積極的**
**B型＝マイペース、独創的**
**AB型＝クール、二面性がある**

ざっとこんな感じのことが、よく言われているようです。私自身はO型なのですが、食事会の席などで「やっぱりO型だと思った」的なことを言われたこともあります。

血液型による性格診断《しんだん》は日本では結構話題になりますが、外国に住んでいたときには聞いたことがありません。この血液型性格分析は、科学的には根拠《こんきょ》がありません。つまり、血液型によって性格が違うというのは、いわば迷信なのです。それでも、こうした分析を信じている人たちにとって、根拠があるように見えてしまうのはなぜでしょうか？

それは、A型が几帳面だと信じB型がマイペースだと信じてしまうと、身の回りでそれに当てはまるような人の例ばかりをみつけて自分の確信を強め、当てはまらない人の例は無意識のうちに切り捨てることによって、信念が強化されてしまうからです。

信念バイアス、確証バイアスが働いてしまう典型的な例だと思います。

## 知識がむしろ正確な判断の邪魔《じゃま》になる？

これに関連して、アメリカに興味深い調査があります。カリフォルニア大学リバーサイド校のジョセフ・カーン教授が、２０１７年の論文に示したものです。

カーン教授は、米国の15歳から27歳までの若者を対象にアンケートを行いました。アンケートには、Facebook や Instagram で見られるような風刺《ふうし》漫画《まんが》やグラフに短いコメントが添《そ》えられた政治的投稿が載っていて、参加者は、投稿の主張が正確かどうかについて回答します。投稿の中には事実に基づくものもあれば、虚偽《きょぎ》のものもありました。また、参加者の政治的信条、政治に関する知識をどの程度持っているか、メディアリテラシー教育を受けたことがあるかどうかも聞きました。

その結果は、興味深いものでした。政治的な知識が少ない若者よりも、政治的知識の多い若者のほうが、自分の政治的信条に反している投稿について、それが事実であっても事実だとは認めない傾向があることがわかったのです。

わかりやすくいえば、「政治・経済」のテストで良い成績をおさめるような生徒が、事実に基づいた正しい判断をするとは限らず、むしろ逆だったのです。

これを日本の学校の先生に伝えると、びっくりする方もいれば、「なるほど、そうだよね」と納得される方もいます。

投稿の内容は税金についてでした。アンケートの回答者が税金を上げるべきだと考えていて、投稿も税金を上げるべきだと主張していたら、投稿の内容や論拠がとんでもなく不正確なものでも、正確だと回答する傾向が見られたのです。逆も然《しか》りでした。投稿の主張が自分の政治的信条と合わなければ、実際の投稿の記述が正確であろうがなかろうが、投稿を不正確だと答える傾向にありました。

投稿内容が事実かどうかは、回答にある程度は影響を与《あた》えていました。投稿内容が事実だった場合に参加者がそれを正確だと判断するケースは多くはなっていましたが、その相関関係は、参加者の政治的信条が投稿の主張に合致しているかどうかに比べて、ずっと弱いものでした。

　つまり、信念・確証バイアスが働く結果、事実を事実と認められない人が多いのです。政治的な知識が豊かな人は本来であればその豊富な知識を使って、投稿の主張が正確かどうかを客観的に判断すべきだけれども、必ずしもそうならない。むしろ、**その知識を使って、すでに信じていることと合致するような結論を得ようとしてしまいがち**なのです。

　ただ、この調査には救いもありました。参加者がメディアリテラシーのトレーニングを受けていた場合、投稿の内容が事実かどうかに基づいて判断する可能性が高かったのです。「(政治的な)方向性の動機づけ」ではなく、「正確性の動機づけ」を促《うなが》すように設計された教育については効果があることも同時にわかったのでした。

## ChatGPTの嘘《うそ》は、なぜ見《み》抜《ぬ》きにくいのか？

もう一つ、別のバイアスの話をしましょう。「流暢性効果《りゅうちょうせいこうか》」というものです。たとえば、あるウェブサイトが、フォントの大きさやデザインや図表などのグラフィックスが洗練されているだけで、そうでないウェブサイトに比べて、信頼度や真実性が高く評価されることがあります。**見やすいこと、つまり私たちの脳が処理しやすいということが、信頼性などの価値判断に置《お》き換《か》えられて、たとえウェブサイトの内容がデタラメであっても「真実らしく」みえてしまう**のです。

似たようなことは、最近話題の生成ＡＩについてもいえるでしょう。ChatGPT に代表されるような対話型の生成ＡＩに何か質問をすると、非常に自然な日本語で、答えを返してくれます。その答えの中には、不正確な情報やバイアスのかかった情報が含まれていることは珍《めずら》しくないのですが、しばしば見落としてしまいます。それは、生成ＡＩの作り出す日本語そのもの（英語で質問すれば英語ですが）が、とても流暢だからです。

少し前までは、詐欺的《さぎてき》なメールや虚偽の広告の中には、日本語がやや不自然なケースもありました。海外の詐欺グループが作ったものなのだろうと日本語から推測でき、詐欺にひっかからないようにすることもできました。しかし、メールや投稿が自然な日本語を使っていれば、騙《だま》されやすくなってしまうでしょう。

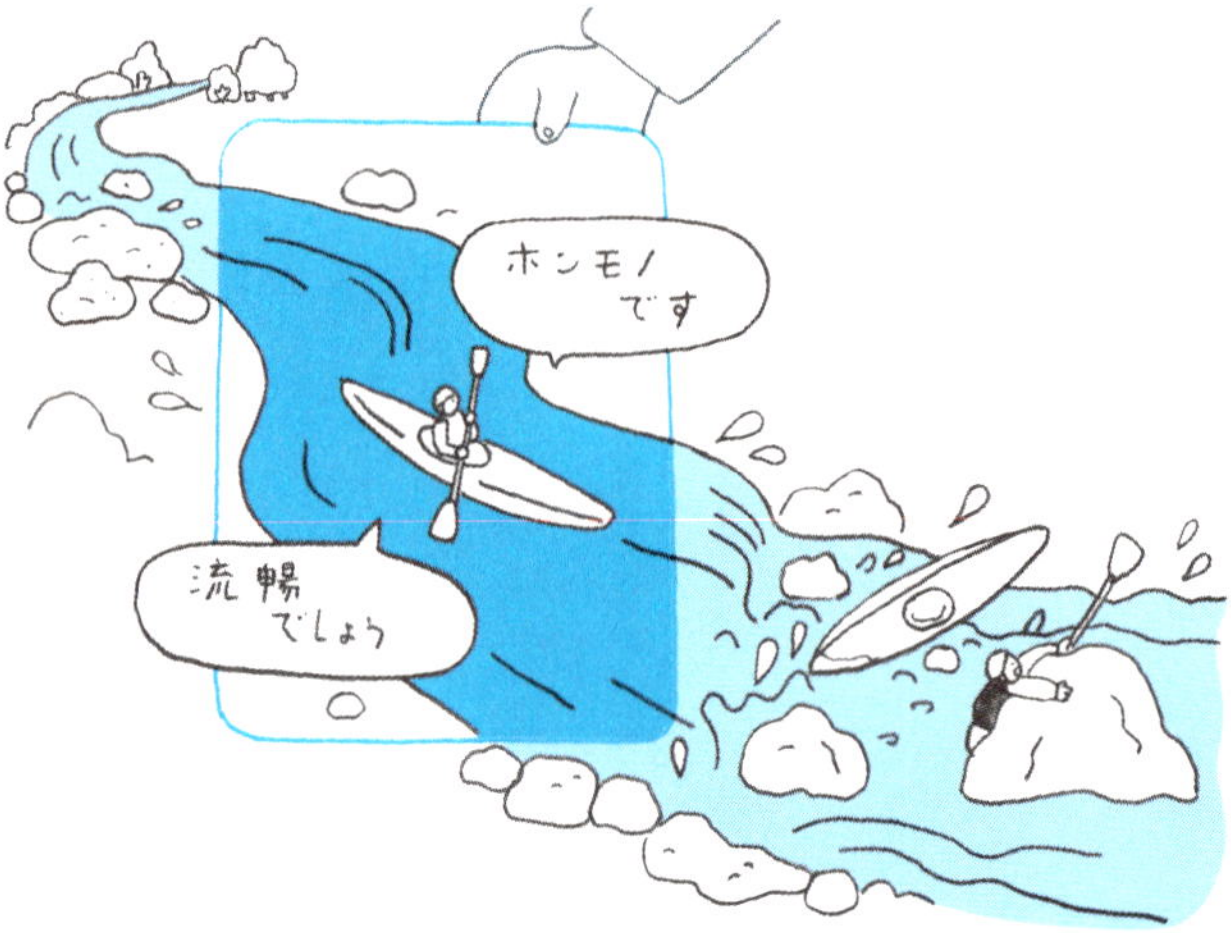


見やすい方が、本物っぽい

ChatGPTなどの生成AIは、なぜ、人間にも劣《おと》らない自然な文章を紡《つむ》ぎ出《だ》せるのでしょうか？

専門的な説明は省きますが、大規模言語モデル（LLM）と呼ばれる技術を基盤《きばん》としています。LLMは大量のテキストデータを学習することで言語のパターンを認識し、ある単語の次に、どんな単語が来るのかという確率に基づく予想をしています。内容面から判断しているのではなく、言葉の並び順の「確からしさ」で判断されており、それがゆえに自然な文章になるわけです。

予想のもととなる「原材料」は、ウェブ上にある大量のテキストデータです。LLMはこれを用いて瞬時《しゅんじ》に確率を計算して予測します。それをくり返すことで、あたかも人間が考えて作るかのように流暢で自然な文章を作り上げることができます。それぞれの単語を一つひとつの意味ではなく、コンピューターが処理しやすい数値情報（ベクトル）に変換することで、この処理が可能になりました。

ChatGPTなどのLLMは、友達やパーソナルアシスタントとして、リサーチなどに使うのは有益だと思います。ただ、どんなに優秀《ゆうしゅう》な友達やアシスタントでも、間違《まちが》うことはありますす。嘘をつくかもしれません。**ChatGPTも、間違ったり事実に基づかない情報を生成することがある**ことは意識しておきましょう。

人間は、嘘をつくとき視線が泳いだり少しためらったり、態度に現れてしまいがちですが、ChatGPTのような生成AIは真偽の判断はしておらず、感情がないがゆえに虚偽情報も平気で出せることには注意が必要です。

## 画像や動画の嘘をどう見抜くか

生成AIは、画像や動画でも驚《おどろ》くべき進展をみせています。講演や学校の授業で、実在する人物の写真と、生成AIが作った写真を並べてみて、どちらが本当かというクイズを

AIで作られた偽の画像を使った投稿
（出典：https://x.com/kuron_nano/status/1574121450860007424）

やったりもしますが、外す人が多いですね。

災害のときに、虚偽情報が流れやすいということをコラムでも説明しました。2022年、台風による記録的な雨で静岡県に大きな被害《ひがい》が出ましたが、その際に、多くの建物が水没《すいぼつ》している3枚の画像と共に、「ドローンで撮影された静岡県の水害。マジで悲惨《ひさん》すぎる…」という投稿が、「Twitter（現X）に出ました。しかし、それは、AIで作った偽の画像でした。

ファクトチェック団体のJFC（日本ファクトチェックセンター）は、ウェブサイトで「ファクトチェック講座」を開設し、さまざまなファクトチェックの方法を一般《いっぱん》向けに解説しています。画像の改変への対策として有効なのが、オリジナル画像を発見して比較することです。改変部分が見つかったり、全く違う文脈で利用されていることがわかったりするとして、Googleレンズという画像検索《けんさく》機能《きのう》を利用するなどの具体的な方法もわかりやすく示しています。

ただ、AIを使って人物の動画や音声を合成する「ディープフェイク」といわれる偽動《にせどう》画《が》や画像も出回っており、ロシア・ウクライナ戦争や世界各国の選挙でも使われて混乱を招いています。もちろんディープフェイクを見抜く技術も進んではいるのですが、いわばいたちごっこです。**ふつうにインターネットやソーシャルメディアをみているだけではなかなか見抜けないような虚偽情報が増えている**のは確かです。

少なくとも、文章（テキスト）だけでなく、画像や映像についても、虚偽かどうかを見抜くのが難しくなっていることを意識すれば、拡散する前に立ち止まることの重要性もわかってくると思います。

## テクノロジーのクセ、人間のクセ

この章は、たくさんのカタカナや英語も出てきましたので、最後に少し整理しましょう。

◆ まず、みなさんがふだんから使っているような便利なツール、YouTubeやInstagram、TikTokといったソーシャルメディアや、Google検索、Amazonの買い物などには、すべてアルゴリズムが使われています。

◆ アルゴリズムによって、無意識のうちに自分好みの情報に囲まれてしまうフィルターバブル現象には、注意しましょう。自分の関心の幅が狭くなる可能性があります。

◆ そして、自分と思想や趣味があう人ばかりとコミュニケーションをしていると、ますます自分の思想信条が強化されてしまうことになりがちです。これはエコーチェンバーともいわれる現象ですが、そこには、信念バイアスや確証バイアスといった人間がだれしも持っているバイアス、クセが関係しています。自分の元々の考えに合う情報ばかりを正しいと思ってしまい、事実でも自分の思想信条にあわない情報は無視してしまう傾向があるのです。

◆ 生成ＡＩの発展によって、虚偽情報はますます見抜きにくくなっています。とくに、ChatGPTなどのＬＬＭは、非常に自然な言葉を紡ぎ出すために、間違った情報を伝えてきても見抜きづらいことに注意しましょう（流暢性効果）。

無意識のうちに世界が狭くなる、ふつうにしているだけで思想信条が強化されてしまう、虚偽情報はますます見抜きにくくなる。

これだけを聞けば、暗い気持ちになってしまうかもしれません。でも、昔に比べて考えられないほど便利に調べ物ができたり、動画や写真を楽しめる時代でもあるのです。大切なことはデジタルメディアについての仕組みを理解したり、人間そのもののクセ、バイアスを知っておくことです。

**知ると知らぬは大違い**なのです。テクノロジーや人間のクセを知っているだけで、「自分はもしかして、フィルターバブルにはまっていないか」「自分にとって都合のよい情報ばかり集めているのではないか」などと自分を振《ふ》り返《かえ》ることができますよね。

◆ポイント

アルゴリズムなどデジタルメディアの基本や、人間のバイアスについて理解しよう。

# 第5章

# クリティカルシンキングを身につけよう

ところでそもそも、「メディア」という言葉から、みなさんは何を想像するでしょうか。

一般的《いっぱんてき》に、新聞、テレビ、ラジオ、雑誌などは「マスメディア」といわれます。「マス」とは「大衆」の意味で、大手新聞なら数百万部という発行部数、テレビでも数百万人、場合によっては数千万人が視聴《しちょう》する番組もあります。

一方、YouTubeやInstagram、X、TikiTokなども多くのユーザーを抱《かか》えていますが、「ソーシャルメディア」と言われます。「ソーシャル」とは「社交」という意味です。ソーシャルメディアの中にSNSは含まれます。

この両方ともが、メディアなんですね。さらにいえば、「メディア論の父」ともいわれるカナダ出身の学者、マーシャル・マクルーハンは、マスメディアのみならず自動車や時計、兵器といったものまでメディアととらえていました。それらは人間が生み出したテクノロジーであり、人間の「身体や精神の拡張」ととらえていたのです。

マクルーハンほど広くとらえなくても、送り手と受け手の間で情報を媒介《ばいかい》するものがメディアならば、映画や音楽、写真、ポスター、さらにみなさんが学校で使っている教科書も一つのメディアと言えます。インターネット上にはたくさんのオンラインメディアがあります。検索《けんさく》で広く使われているGoogleも、動画配信サービスのNetflixもメディアです。

## メディアリテラシーの定義とは？

メディアはかなり広い概念《がいねん》であることを確認したところで、みなさんは「メディアリテラシー」という言葉を聞いたことがあるでしょうか？

「リテラシー」とは、もともとは読み書きする能力のことを指す言葉で、それが転じて、ある分野に関する知識や能力のことを指すこともあります。たとえば「コンピューターリテラシーが高い人」という場合、コンピューターについての知識が豊富で、コンピューターを使いこなせる人というイメージになりますね。

「メディアリテラシー」という言葉を、広辞苑《こうじえん》でひいてみると、「メディアの伝える情報を批判的に読解・判断・活用する能力」という短い語釈《ごしゃく》が出てきます。

その説明が間違《まちが》っているわけではありません。ただ、メディアリテラシーの定義は、論者によってさまざまです。時代とともにも移り変わっていますし、一言では言い表せない深い言葉でもあります。

私の所属しているスマートニュース メディア研究所の活動の大きな柱は、メディアリテラシー教育の促進《そくしん》です。小学校から大学院までの教育現場や社会人を対象に、メディアリテラシーの基本をお伝えしています。

その中で、メディアリテラシーの定義についても触《ふ》れる必要があり、国際的な定義について説明することもあります。しかし、あまりに込《こ》みいって複雑なため、覚えていただくのが難しいという悩《なや》みを抱えていました。そこで最近では思い切って、**メディアリテラシーを3つのポイントとして簡略化して伝えています。**

1　メディアの仕組みや特徴について理解すること

2　メディアが伝える情報や映像は、ありのままの現実ではなく、再構成されていることを意識すること

3　物事を複眼的にとらえるクリティカルシンキングを重視すること

１つめのメディアの仕組みについての理解ですが、１９８０年代、欧米《おうべい》を中心に広がったメディアリテラシー研究や教育における「メディア」とは、もっぱらマスメディアを指しました。なので、マスメディアについての知識を得てその特徴を知ることは、メディアリテラシー教育の１つの柱でした。

メディアのあり方が大きく変化している今、マスメディアについての知識だけでなくソーシャルメディアについて理解することは大切だと思います。この本では、第２章で新聞の記事の作り方、第４章でソーシャルメディアやその背景にあるアルゴリズムといったメディアの知識の部分を取《と》り扱《あつか》いました。

２つめの「情報などは再構成されている（切り取られている）」という点も非常に重要で、第２、３章で、新聞記事や架空《かくう》のテキストをもとに取り扱いましたが、画像や映像に

マスメディアの「切り取り」風刺画
（イラスト：David Suter、TIME誌、1985年2月25日号 P95より）

ついてもわかりやすい例を示しましょう。
上のイラストは、1985年のTIME誌に掲載《けいさい》されたエッセイの中の風刺画《ふうしが》です。刃物《はもの》をもって追いかける男性と、逃《に》げる男性がいます。その様子をカメラが撮影《さつえい》していますが、一部分を切り取った結果、逆に逃げる男性の足が刃物のようになり、追いかける人をまるで襲《おそ》っているように見えます。メディアの切り取りの恐《こわ》さをあらわしています。切り取り方によって、視聴者《しちょうしゃ》が受けるイメージは全く変わってくるのです。

## 大事なのは、クリティカルシンキング

　そして、メディアリテラシーの3つめのポイントは、「クリティカルシンキング」だと考えています。物事を多角的・複眼的に考える、常識や前提から疑ってみる、といった意味で、メディアリテラシーを身につけるには、**クリティカルシンキングのスキルを鍛《きた》えることが最も重要**だと思います。ただ、今一歩クリティカルシンキングが何を指すのか、わからない人も多いかもしれません。

　クリティカルシンキングには「批判的思考」という定訳があるのですが、実はこの定訳が誤解のもとだと私は考えています。そんな思いから、私が編者の一人を務めた本では「吟味《ぎんみ》思《し》考《こう》」という訳をつけました。

　英語の「クリティカル」と、日本語の「批判的」には、ニュアンスの開きがあります。日本語で「批判」というと、相手の言うことを否定したり、非難したりすることも含《ふく》むニュアンスになってしまいます。しかし、クリティカルシンキングという言葉におけるcriticalは、相手の否定は意味しません。**よく考えてみた結果、相手の意見を肯定《こうてい》したり、新たな視点や意見を提示したりすることもクリティカルシンキング**なのです。

　では、よりわかりやすくクリティカルシンキングを定義すると、どうなるのでしょうか？

1 相手の発言に耳を傾《かたむ》け、複眼的に熟慮《じゅくりょ》する思考

2 自分の考え方のプロセスを吟味《ぎんみ》する内省的な思考

3 適切な基準や証拠《しょうこ》に基づく論理的な思考

ほかにもいろいろ定義はありますが、この3つは重要だと思います。なんだか難しそうだなと思うかもしれませんが、**これまでの章でみなさんとやってきたことは、実はクリティカルシンキングに基づく行動へのトレーニング**でもあります。

第1章で学んだのは、「立ち止まって考える」ことでした。友達の噂話《うわさばなし》などは、真偽《しんぎ》が不明なことも多いですよね。まず相手の発言に耳を傾け、相手が噂話をなぜ広めるのかを冷静に考えてみる。そして、噂話をすぐに人に伝えるのではなく、いったん立ち止まって本当かどうかや噂が広がることの影響を考えてみる。「Stop & Think」という習慣を身につけることが、クリティカルシンカーへの道です。

第2章では、事実の確認の仕方を学びました。具体的には、情報の真偽について、複数

の情報源で確認したり、発行元を確認したり、証拠（エビデンス）やバイアスがないかチェックすることを学びました。このように「証拠に基づいて考えたり、相手に説明したりする」ということも、クリティカルシンカーになるために重要です。

第3章では、架空の話として「希望建設《きぼうけんせつ》」の角田《かどた》社長のストーリーを示しました。少年時代は万引きやいじめをしていた人が、立ち直って会社の社長になり、良いこともしています。この人についてでは、ポジティブにとらえることもできれば、ネガティブにとらえることもできるでしょう。一方向からだけではなくさまざまな角度から考える「複眼思考」で、角田さんという人をとらえることが、クリティカルシンカーへの道です。

第4章では、血液型と性格診断《しんだん》について示しました。血液型によって性格が違《ちが》うという話はよく聞きますが、証拠に基づく論理的な思考をすれば、そうした考えに惑《まど》わされずにすむでしょう。また、自分の考え方のプロセスを振《ふ》り返《かえ》ることで、いったん血液型による性格診断を信じたとしても、その信念に都合のよい情報ばかり集めていなかったか自省してみることができます。人のバイアスだけでなく、自分自身のバイアスを内省して自覚することが、クリティカルシンカーへの道です。

# 論理的に考えるとはどういうことか

この章では、もう一つ、例を加えてみましょう。次ページの写真を見てください。「Fukushima Nuclear Flowers（福島原発の花）」というタイトルがつけられた画像投稿《とうこう》サイトの投稿です（2015年）。デイジー（ヒナギク）が映っていますが、奇形が混じっていますね。

もともと栃木県の那須《なす》塩原市《しおばらし》で撮影《さつえい》した花の写真を日本人の方が「Twitter（現X）に投稿したのですが、その方は、「福島原発の花」とは書いていませんでした。

スタンフォード大学歴史研究グループは、ネット上に出回っていたこの写真を高校生に示し、「福島第一原発近くの状況《じょうきょう》を示す強い証拠となるか」と聞いたところ、4割近くの生徒が画像の出典を確認しなくても「写真があることが強い証拠になる」と答えました。

しかし、**これは論理的な考え方でしょうか**。まず、動植物が放射能汚染を受けた（原因）場合、奇形が生じるケース（結果）があるのは科学的に正しいとされています。しかし、この奇形のデイジー（結果）の写真をもって、原因（福島原発の放射能汚染）を断じ

「福島原発の花」というタイトルの投稿
（出典：SHEG Evaluating Information Online, p16）

ることは、論理的に無理がありますよね。

調べていくと、このデイジーの奇形は自然現象として珍《めずら》しくはない「帯化《たいか》」と呼ばれるもので、遺伝子の突然変異が原因だったり、昆虫《こんちゅう》や細菌《さいきん》によって生長点が傷つけられたり、原因はさまざまであることがわかります。そして、那須塩原市は福島第一原発から100キロ以上も離れており、もしもこれが福島第一原発による放射能汚染が原因なら、もっと近いところにたくさんの奇形がなければいけないわけですが、そのような証拠もありません。

そこまで細かく調べなかったとしても、この写真を見せられたときに「ちょっと待てよ」と立ち止まり、「**奇形の写真がある**

からといって、原発事故が原因とは断定できないよね（ほかの原因かもしれないよね）」と考えられるのがクリティカルシンカーです。

## クリティカルシンキング・トレーニング

ここまで読んできて、クリティカルシンキングについて、「だいたい理解できたけど、実際どうやって鍛えればよいの？」という質問が出てくるかもしれません。

まず言えることは、クリティカルシンキング力は今日これをやったら明日には身についている、というものではありません。大人でも、クリティカルシンキングの力が乏《とぼ》しい人は珍《めずら》しくはありません。

これはスポーツや芸術の世界にも似ています。基本的なパス練習を全くせずにサッカーの公式戦でゴールを決められるわけもなく、ピアノに触《さわ》ったことがない人が楽譜《がくふ》をみていきなり弾《ひ》けるわけはありません。日々の基礎練習《きそれんしゅう》が大事ですよね。ただ、サッカーに例えるなら、漫然《まんぜん》とパス練習をするのではなく、コーチが蹴《け》り方《かた》について分析的《ぶんせきてき》に教えたり、効果的な練習方法のコツを示せば上達のスピードは上がってきます。

## ◆立場を変えて考えてみる

そういう意味で、**ふだんからやれる訓練は「立場を変えて考えてみる」ということ**です。

世界地図で考えてみましょう。みなさんは、日本を真ん中にした世界地図というものを、見慣れていると思います。これだと日本と欧州諸国はとても遠く見えます。しかし、地球儀《ちきゅうぎ》を上からみると、北極圏《ほっきょくけん》を飛行すれば日本と欧州は案外近いことがわかります。

近年は、中国の軍事力の増大が大きな懸念《けねん》材料になっていますが、知人の防衛省元幹部は、自分の個室に中国を中心にして北東アジアを「逆さま」にしている（北を下に１８０度回転させている）地図を掲《かか》げていました。中国から日本をみるとどう映るかを視覚的に理解するためだそうです。

「立場を変えて考えてみる」のは、ふだんの言動でも使えるでしょう。自分が何か発言したとして相手にとってそれがどう見えるか、あらかじめ想像してみることでトラブルは防げるかもしれません。

## ◆「なぜ？」と唱える

「なぜ？」と常に考えてみることも重要です。

たとえば、日本の歴史の教科書には、1945年にアメリカが広島と長崎に落とした原子爆弾《ばくだん》によって多くの人命が失われたことが載《の》っています。核兵器《かくへいき》が非常に非人道的な兵器であるのは間違《まちが》いありません。

ただ、アメリカの現職大統領が広島を訪問したのは、2016年のオバマ大統領が初めてです。戦後70年以上たって、ようやくアメリカの大統領が広島を訪問したのです。それ自体は画期的なことですが、原爆を落としたことについて、オバマ大統領は謝罪はしませんでした。

なぜなのでしょうか？　それは、アメリカにおいては、「原爆投下によって日本がようやく降伏《こうふく》を決断し、アメリカと日本の本土決戦を避《さ》けることができた」という考え方が根強いことが背景にあります。本土決戦になっていれば、原爆による死傷者を大幅《おおはば》に上回る死傷者が日米双方《そうほう》に出ていたのは確実だからという理由で、原爆投下を正当化する人たちが少なからずいます。

核爆弾投下という一つの出来事をとらえても、国によって見方が違い、歴史の教科書の記述もそれを反映していることを意識するのは大事です。

世の中には意見が対立することがたくさんあります。意見の対立は、あって当然です。クリティカルシンキングで求められるのは、両方の考え方のロジック（論理）を理解し、それを支えるエビデンスについて検証した上で、自分の考えをまとめることです。

### ◆仮説を立てて検証する

また、クリティカルシンキングには、**目標を実現するために仮説を立てたりそれを検証したりする**ことも含まれます。

社会に出たときに必要性が高い力ですが、これを使うと何かを実行するとき「行き当たりばったり」ではなく計画的に進めるための道しるべになります。

たとえば、文化祭や運動会など生徒が主体になって活動するようなイベントでもやってみることができます。そこで、「全員が楽しめるようなものにする」とか、「家族や友人など来客者の満足度を上げる」などの大きな目標を決めるとします。その目標の実現のためにはどうすればよいか、さまざまな仮説を立て、実行可能か、実行するためには何が必要かを考えることは、クリティカルシンキングの良い訓練になるでしょう。

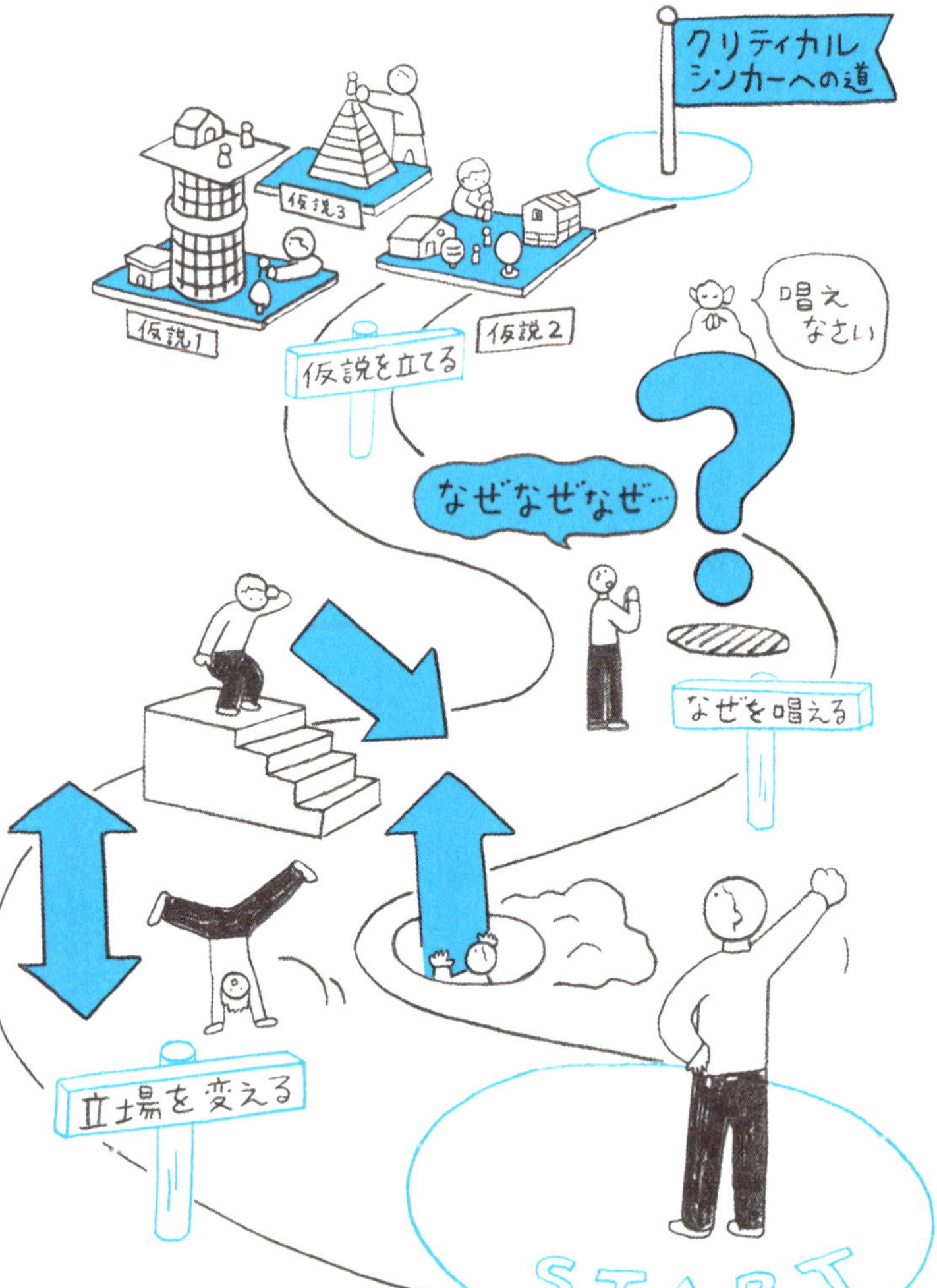


クリティカルシンキング・トレーニング

重要なのは、メディアリテラシーにしてもクリティカルシンキングにしても「鍛えれば伸《の》びる」スキルであるということです。スマートニュース メディア研究所は、埼玉県戸《と》田市《だし》教育委員会と連携し、メディアリテラシー教育を受けた児童にはどんな効果があるのかを測定するプロジェクトを、2022年から23年にかけて実施《じっし》しました。小学校5年生の児童が対象で、半年間で合計7回、継続的《けいぞくてき》にメディアリテラシー教育の授業を受けた児童たちは、そうでない児童に比べて、メディアリテラシーの力が伸びていたことがわかりました（受けなかった児童には、あとで補習をしています）。そのことに、私たちも戸田市の学校の先生たちも、喜びを感じました。

## メディアリテラシーと「謙《けん》虚《きょ》さ」

この本の第1章で、GLOCOMとJFCが2024年に行ったオンライン調査の話を紹介《しょうかい》しました。日本国内で実際に拡散された15の偽《にせ》・誤情報を見聞きしたことがあるか聞いたところ、見聞きした人の半分以上が、その誤情報を本当だと信じていたことがわかりました。

実は、この調査ではメディアリテラシーと偽・誤情報の拡散との関係も調べています。9つの質問を用意してメディアリテラシーのスコアをはかった上で、偽・誤情報を拡散したかどうかを聞いたところ、メディアリテラシーのスコアが高い人ほど、偽・誤情報を拡散しにくい傾向《けいこう》が顕著《けんちょ》にみられたのです。立ち止まって考えるクセが、自然についている結果なのでしょう。クリティカルシンキングのスコアが高かった人も、同様に偽・誤情報を拡散しにくい傾向がみられました。

ところが、興味深いことに、クリティカルシンキングの自己認識を問うアンケートもあり、そのアンケートで「自分は批判的思考力がある」と思っている人は、むしろ、偽・誤情報の誤りに気づきにくく拡散しやすいという結果が出たのです。

これは第4章で紹介した、カーン・カリフォルニア大学教授の「知識がある若者のほうが自分の信念を優先し、事実を事実と認められない傾向がある」という分析結果と似ていますね。

つまり**自分の知識や能力を過信し傲慢《ごうまん》になってしまうと、偽情報や誤情報を信じたり、拡散したりしやすくなる**ということではないでしょうか。

「実るほど頭《こうべ》を垂れる稲穂《いなほ》かな」という格言があります。実れば実るほど、まるで「ありがとう」とお辞儀《じぎ》をするかのように稲穂が垂れ下がる。つまり学問や技能を深めれば深めるほど、他人に対して謙虚になることを意味することわざです。

**学べば学ぶほど世界が広いこと、物事が複雑であることがわかります。**自分がまだまだ無知であることを知り、物事を断じることは少なくなっていきます。

デマは人を興奮させることが多く、真実はしばしば退屈《たいくつ》です。世の中には、いろんな種類のエキサイティングな陰謀論《いんぼうろん》がありますが、発信している人が「ディープな情報を知りうる立場にあるかどうか」について考えてみるのもよいでしょう。それもクリティカルシンキングのスキルの一つだと思います。

# おわりに

この本は、みなさんにメディアリテラシーを身につけていただく目的で書き進めました。最後に大事なことをつけ加えさせてください。それは、メディアリテラシーと民主主義との関係です。

メディアリテラシーは、民主主義ではない国、つまり独裁的な国家や共産主義国などで政府が国民に期待するスキルでしょうか。

答えはNOでしょう。そうした国では、メディアやジャーナリストの自由な活動が認められていないケースが多く、あるのは独裁者や政府にとって都合のよいプロパガンダ（政治宣伝）を流す国営メディアだけだったりします。また、ソーシャルメディアについても個人が政府批判をするような投稿《とうこう》が制限されたりしています。

「すべての情報は再構成されている」という意識には、「国が流す情報も、国が都合よく改変しているのではないか」という懐疑《かいぎ》も含《ふく》まれます。国営放送などで国民に与《あた》える情報を一方向に制限している国にとっては、国民がそうした健全な懐疑心をもつことは、逆に邪魔《じゃま》になります。独裁者や権威《けんい》主義《しゅぎ》国家《こっか》のリーダーは、国民を一方的に洗脳したいのです。

「絶対的権力は絶対的に腐敗《ふはい》する」。19世紀のイギリスの歴史家であるアクトン卿《きょう》の有名な言葉です。民主主義社会において**報道の自由を保障し権力をチェックする報道機関を置いておくことは、社会全体を腐敗させないための人間の知恵《ちえ》**だと思います。

イギリスやカナダなどのメディアリテラシー教育の先駆者《せんくしゃ》は、リテラシー教育に「民主主義の仕組みを守り、強化する」という役割を期待していました。子どもたちにテレビや新聞といったマスメディアの特徴《とくちょう》や商業性を理解させたり、巨大な権力をもつメディアと政府が一体になったときの危険性を知らせたりすることで、民主主義国が全体主義に陥《おちい》らないようにする。いわば病気を防ぐ「予防接種」のような役割を担ってもらおうとしたのです。

SNS・ソーシャルメディア時代になって、問題はさらに複雑になっています。アルゴリズムによるフィルターバブルの問題については本文で触《ふ》れましたが、個人情報が集積しているプラットフォーマーが政府と一体となったとき監視《かんし》社会《しゃかい》の危険性は高くなります。その意味で「民主主義を守る」というメディアリテラシーの役割は、さらに重要性を増しているといえます。私たち一人一人ができることは、国（政府）の発表もメディアの報道も、有名人や友達の言うことも鵜呑《うの》みにはせず、それぞれの情報の正確さやバイアスを意識しながら、クリティカルシンキングをしていくことです。

## ◆「情報の偏食《へんしょく》」に気をつけよう

「目にする情報すべてについて注意深く考えるなんて、そんなの疲《つか》れてしまうよ」と思うかもしれません。そうですよね。

私も、講演や授業などで「**いつもクリティカルシンキングする必要はない**ですよ」と伝えています。

何事もバランスが大事です。確かに、ずっとクリティカルシンキングをすると疲れるので、「なんだか変だな」「ちょっと気になるな」という情報に出会ったときや、「ここぞ」という大事な局面で意識して働かせるようにすればよいと思います。

情報とのつき合い方は、食べ物とのかかわり方に似ています。私たちにはおいしいもの、好きなものを食べたいという欲があります。ただ、欲望のおもむくままカロリーの高い焼き肉や寿司、デザートを食べまくり、甘いジュースをがぶ飲みしていたらどうなるでしょうか？　どんどん太っていき、健康を壊すかもしれません。

インターネット上には、スポーツ、ペット、ゲームの動画、有名人のゴシップ、人の噂話《うわさばなし》などおもしろい情報が無数にあります。その中で手当たり次第、情報を「食べて」いくとどうなるでしょうか？　栄養のバランスはすっかり崩《くず》れ、太ったり不健康になってしまったりしそうですよね。

カロリーの高いものや栄養の偏《かたよ》ったものを食べすぎることにブレーキをかけるのと同様、ときどきクリティカルシンキングを働かせて、**「情報の偏食」に気をつけていくことが、健康的に暮らすことにつながる**と思います。

## ◆対話を大事にしよう

この本の中で、アメリカのことにしばしば触《ふ》れてきました。それは、私が比較的《ひかくてき》長くアメリカで暮らしたからだけでなく、敗戦後の日本社会は、アメリカの影響《えいきょう》を強く受けてきたからでもあります。

しかし、日本に民主主義を根付かせようとしたはずのアメリカは、いまやすっかり様変わりしてしまいました。この原稿執筆《げんこうしっぴつ》の時点で、２０２４年の大統領選の結果はまだわかりません。しかし、保守とリベラル、親トランプと反トランプ、リベラル内でも穏健派《おんけんは》と急進派の感情的な対立は激しく、アメリカの民主主義は、機能不全に陥《おちい》っています。とりわけ深刻なのは、民主主義の基盤《きばん》であるはずの選挙の公正さを、トランプ氏が否定し、それに数千万人もの人が同調して選挙に不正があったと信じ続けていることです。

社会の深刻な分断は、トランプ氏が現れる前からの課題でした。貧富の差は激しく、製造業は空洞化《くうどうか》し、白人の中に「見捨てられた」と思う人たちが増えていました。トランプ氏はそうした不満をすくいあげることに長《た》けたポピュリストであり、トランプ氏の大統領当選は「(事態の)原因というより結果」だともいわれます。

だとすれば、根本的な原因は何なのでしょうか。経済政策や税制にあるのかもしれないし、左右の極端《きょくたん》な意見を野放しにした放送規制の撤廃《てっぱい》などメディア政策にあるのかもしれません。ソーシャルメディアの発展が分断を増幅《ぞうふく》させる装置だったのかもしれません。その分析《ぶんせき》はこの本の手に余りますが、複雑な要因がからみあっているのは間違《まちが》いありません。いずれにしても、**国民の間の分断、感情的な対立によって、お互《たが》いに対話が難しい状況《じょうきょう》にまで陥ってしまったのが今のアメリカ**です。

お伝えしてきたように、クリティカルシンキングとは、相手の話を傾聴《けいちょう》し（文章を読み）、立場を変えて考えてみる力です。相手の文化や価値観も考慮《こうりょ》して、物事を説明したり実行したりする力でもあります。

**もっとわかりやすく表現するなら、「対話力」ということかもしれません。**だれしも、自分の信念と反する考えに触れるのは愉快《ゆかい》ではないかもしれませんが、それでも対話の窓は閉じないでいてほしいと思うのです。

そして対話のためには、己を知ることが大切です。「汝《なんじ》自身を知れ」という古代ギリシャの格言の通りです。クリティカルシンキングによって、自分のバイアスに自分で気がつけば、考え方は柔軟《じゅうなん》になり他者との対話も建設的なものになっていくことでしょう。

「自分は正しい」「自分だけが真実を知っている」と断言し、敵と味方に分け、異論に耳を傾《かたむ》けない人がもてはやされる社会は、殺伐《さつばつ》とするのではないでしょうか。

複雑な世の中の問題を一気に解決できるような魔法《まほう》の杖《つえ》はありません。それでも考え続け、対話する人が増えていくことが、住みやすい社会に結びつき、日本の民主主義社会を守る防波堤《ぼうはてい》にもなることでしょう。

最後になりましたが、記者時代の経験を振《ふ》り返《かえ》りながらメディアリテラシーについてまとめることができたのは、新聞社に勤めていたころの先輩《せんぱい》や同僚、そして取材先の方々から多くのことを学ばせていただいたおかげです。スマートニュース社の同僚の方々や、共にメディアリテラシー教育に取り組んでくださっている研究者、教育委員会、学校の先生方などからも、さまざまなご支援・ご協力をいただきました。専門的な分野の記述では、学者の方々の知見をお借りすることができました。筑摩書房《ちくましょぼう》の守屋佳奈子《もりやかなこ》さんは本のコンセプトの段階から伴走していただきました。お世話になった多くの方々に、心から感謝いたします。

この本を読んでいただいたことが、みなさんの前向きな一歩につながることを願いつつ、筆をおくことにします。

# 次に読んでほしい本

「10代のノンフィクション読書を応援《おうえん》します」。Qブックスシリーズのコンセプトです。10代は、小学生から大学生まで幅広《はばひろ》いですね。中学生でも難しすぎず、大学生でも物足りなくないよう工夫したつもりです。学校の先生方が授業を進めたり、保護者の方がお子さんに教えたりといったニーズも考えながら執筆《しっぴつ》を進めました。

幅広い読者を想定し、「次に読んでほしい本」は、テーマごとに「小学生」「高校生以上」といった年代別にも分けてみました。ただ、小中学生が難しい本に挑戦《ちょうせん》するのは良いことですし、大人が小学生向けの本から得られることもあるので、あくまで参考程度とお考えください。年代を書いていないのは、大学生や大人向けかなと思う本です。

メディアリテラシーに関係する本は多いですが、ここでみなさんにご紹介《しょうかい》する本のリストは、私自身が学んだり、この本を書くために参考にさせていただいたりした本でもあります（ほかにも多くの本から学びましたが、紙幅《しふく》の制約で削《けず》らざるをえませんでした。本の副題や刊行年も、紙幅の関係で省略させていただきました）。

著者のバックグラウンドや研究手法の違《ちが》いもあり、言葉の定義も著者の主張もさまざまです。それぞれの本の違いを意識しながら、自分自身の考えを深めていただくのもクリティカルシンキングだと思います。このリストが、みなさまのこれからの「読書の旅」に少しでも役立つことになればうれしいです。

◆メディアリテラシー・メディアリテラシー教育　**『想像力のスイッチを入れよう』**（下村《しもむら》健一《けんいち》／講談社／小学生）、**『10歳からの図解でわかるメディア・リテラシー』**（中橋《なかはし》雄《ゆう》監《かん》修《しゅう》／メイツ出版／小学生）、**『世界は切り取られてできている』**（中橋雄編著、NHK学園編／NHK出版／中高生）、**『メディア・リテラシー』**（菅谷《すがや》明子《あきこ》／岩波新書）、**『メディア教育宣言』**（デビッド・バッキンガム／世界思想社）、**『あいまいさに耐《た》える』**（佐《さ》藤《とう》卓己《たくみ》／岩波新書）、**『情報戦争を生《い》き抜《ぬ》く』**（津《つ》田《だ》大介《だいすけ》／朝日新書）、**『メディアリテラシー』**（坂本《さかもと》旬《じゅん》、山脇岳志《やまわきたけし》編著／時事通信社）、メディアリテラシーと親和性の高いデジタル・シティズンシップについては、**『デジタル・シティズンシップ』**（坂本旬、芳《は》賀《が》高洋《たかひろ》、豊福晋平《とよふくしんぺい》、今度《いまど》珠美《たまみ》、林《はやし》一真《かずま》／大月書店）がわかりやすい。

◆クリティカルシンキング　**『クリティカル・シンキングができる子に育つ3つの視点と13のレッスン』**（ジュリー・ボガート／ディスカヴァー・トゥエンティワン／小学生〜高

校生)、**『誰《だれ》でもわかるクリティカルシンキング』**(若山昇《わかやまのぼる》/北樹出版/中学生以上)、**『クリティカル・シンキング』**(ジョナサン・ヘイバー/ニュートンプレス)、**『批判的思考』**(楠見孝《くすみたかし》、道田泰司《みちたやすし》編/新曜社)、クリティカルシンキングの定義は、前掲《ぜんけい》**『メディアリテラシー』**(時事通信社)の第9章**「批判的思考とメディアリテラシー」**(楠見孝)でわかりやすく書かれている。**『メディア・リテラシー教育における「批判的」な思考力の育成』**(森本洋介《もりもとようすけ》/東信堂)でも両者の関係が整理されている。

◆メディア論・メディア史　**『新版 メディア論』**(水越伸《みずこししん》編著/放送大学教育振興会/高校生以上)、**『メディア論の名著30』**(佐藤卓己/ちくま新書/高校生以上)、**『事実はどこにあるのか』**(澤康臣《さわやすおみ》/幻冬舎《げんとうしゃ》新書/高校生以上)、**『マスメディアとは何か』**(稲増一憲《いなますかずのり》/中公新書)、**『メディア不信』**(林香里《はやしかおり》/岩波新書)、**『政治とマスメディア』**(谷口将紀《たにぐちまさき》/東京大学出版会)、**『メディアと政治 改訂版《かいていばん》』**(蒲島郁夫《かばしまいくお》、竹下俊郎《たけしたとしお》、芹川洋一《せりかわよういち》/有斐閣《ゆうひかく》アルマ)、**『メディア文化論 改訂版』**(吉見俊哉《よしみしゅんや》/有斐閣アルマ)、**『ニュースの未来』**(石戸諭《いしどさとる》/光文社新書)、**『SNS変遷史《へんせんし》』**(天野彬《あまのあきら》/イースト新書)、**『政治コミュニケーション概《がい》論《ろん》』**(石澤靖治《いしざわやすはる》編著/ミネルヴァ書房)、**『ジャーナリストの条件』**(ビル・コバッチ、トム・ローゼンスティール/新潮社)、**『マクルーハン理論』**(M・マクルーハン、E・カーペンター/平凡社ライブラリー)

◆ファクトチェック、偽情報《にせじょうほう》、陰謀論《いんぼうろん》　**『ファクトチェックとは何か』**（立岩陽一郎《たていわよういちろう》、楊井《やない》人文《ひとふみ》／岩波ブックレット／中学生以上）、**『15歳《さい》からのリーダー養成講座』**（工藤勇一《くどうゆういち》／幻冬舎／中学生以上）、**『フェイクニュースを科学する』**（笹原和俊《ささはらかずとし》／DOJIN文庫）、**『ディープフェイクの衝撃《しょうげき》』**（笹原和俊／PHP新書）、**『チャットGPT vs. 人類』**（平和博《たいらかずひろ》／文春新書）、**『陰謀論』**（秦正樹《はたまさき》／中公新書）、**『陰謀論はなぜ生まれるのか』**（マイク・ロスチャイルド／慶應義塾《けいおうぎじゅく》大学出版会）、**『ドキュメント　誘導工作《ゆうどうこうさく》』**（飯塚恵子《いいづかけいこ》／中公新書ラクレ）、**『ネット世論操作とデジタル影響《えいきょう》工作』**（一田和樹《いちだかずき》、齋藤孝道《さいとうたかみち》、藤村厚夫《ふじむらあつお》、藤代裕之《ふじしろひろゆき》、笹原和俊、佐々木孝博《ささきたかひろ》、川口貴久《かわぐちたかひさ》、岩井博樹《いわいひろき》／原書房《はらしょぼう》）

◆インターネットと民主主義　**『インターネットは民主主義の敵か』**（キャス・サンスティーン／毎日新聞出版）、**『フィルターバブル』**（イーライ・パリサー／早川書房）、**『デジタル空間とどう向き合うか』**（鳥海不二夫《とりうみふじお》、山本龍彦《やまもとたつひこ》／日経プレミア）、**『ネットは社会を分断しない』**（田中辰雄《たなかたつお》、浜屋敏《はまやさとし》／角川新書）、**『ネット社会と民主主義』**（辻大介《つじだいすけ》編／有斐閣）、**『ハックされる民主主義』**（土屋大洋《つちやもとひろ》、川口貴久編／千倉書房）、**『ソーシャルメディア・プリズム』**（クリス・ベイル／みすず書房）、**『現代アメリカ政治とメディア』**（前嶋和《まえしまかず》弘《ひろ》、山脇岳志、津山恵子《つやまけいこ》編著／東洋経済新報社）、**『日本の分断はどこにあるのか』**（池田《いけだ》

謙一《けんいち》、前田幸男《まえだゆきお》、山脇岳志編著／勁草書房《けいそうしょぼう》）

◆**認知心理学・認知科学**　**『ファスト&スロー』**（上・下／ダニエル・カーネマン／ハヤカワ文庫ＮＦ）、**『世界はありのままに見ることができない』**（ドナルド・ホフマン／青土社）

◆**その他**　多過ぎる情報といかにつきあうかというテーマでおすすめの本としては**『アフターソーシャルメディア』**（法政大学大学院メディア環境《かんきょう》設計研究所編／日経ＢＰ）があります。本文中では詳《くわ》しく触《ふ》れられませんでしたが、メディアリテラシーの一つにメディアによって拡散されるステレオタイプ（固定観念）を「疑う」「読む」という要素もあります。これについては、前掲**『世界は切り取られてできている』**第7章「**ステレオタイプ**」（森本洋介）がわかりやすいと思います。たとえば、サッカー日本代表のプレースタイルに日本人の国民性を投影しようとするメディアのステレオタイプを指摘《してき》している本に、**『日本代表論』**（有元健《ありもとたけし》、山本敦久《やまもとあつひさ》編著／せりか書房）があります。

メディアリテラシーについての内外の専門家のご寄稿《きこう》やインタビュー記事、授業の実践《じっせん》例《れい》などは、スマートニュース メディア研究所のホームページ（https://smartnews-smri.com/）に多数、掲載しています（この本の本文の中でも一部をご紹介しています）。さらにこのテーマを深めたい方は、参考にしていただければ幸いです。

## 山脇岳志

やまわき・たけし

1964年、兵庫県生まれ。京都大学法学部卒。1986年、朝日新聞社に入社。経済部記者、オックスフォード大学客員研究員（Reuter Fellow）、ワシントン特派員、論説委員などを経て、「GLOBE」の創刊に携わり、編集長を務めた。2013年～17年までアメリカ総局長。帰国後、編集委員としてコラムを担当したのち退社。2020年、スマートニュース メディア研究所の研究主幹に就任。2022年より同研究所所長。2021～24年、京都大学経営管理大学院特命教授。現在は帝京大学経済学部客員教授を兼務。著書に『日本銀行の深層』、『郵政攻防』などがある。

ちくまＱブックス

SNS《エスエヌエス》時代《じだい》のメディアリテラシー

ウソとホントは見《み》分《わ》けられる？

2024年11月5日　初版第一刷発行
2025年7月5日　初版第三刷発行

著　者　山脇岳志
装　幀　鈴木千佳子
発行者　増田健史
発行所　株式会社筑摩書房
東京都台東区蔵前2-5-3　〒111-8755
電話番号03-5687-2601（代表）
印刷・製本　中央精版印刷株式会社

 ISBN978-4-480-25154-1 C0337